AF747549

www.ingramcontent.com/pod-product-compliance
Lightning Source LLC
LaVergne TN
LVHW050759051026
849532LV00008B/2919

9789358724202

تارِ عنکبوت

(افسانے)

الطاف فاطمہ

Taar-e-Ankabuut *(Short Stories)*
by: Altaf Fatima
Edition: September '2024
Publisher :
Taemeer Publications LLC (Michigan, USA / Hyderabad, India)

ISBN 978-93-5872-420-2

کتاب	:	**تارِ عنکبوت** (افسانے)
مصنفہ	:	**الطاف فاطمہ**
صنف	:	فکشن
ناشر	:	تعمیر پبلی کیشنز (حیدرآباد، انڈیا)
سالِ اشاعت	:	۲۰۲۴ء
صفحات	:	۷۶
سرورق ڈیزائن	:	تعمیر ویب ڈیزائن

فہرست

نیون سائنز

اور اب ہم نے سرما کی سرد اور اندھیری راتوں میں لارنس جانا چھوڑ دیا ہے اور اس بات کا مجھے قلق بھی بہت ہے۔ پوچھو! وہ کیوں؟

یوں کہ لارنس کی ٹھٹھری ہوئی کالی راتوں میں رات کی رانی کی آوارہ مہک اور لانبے لانبے گھنے اور عمر رسیدہ درختوں کے مہیب سائے بہت یاد آتے ہیں۔

گھپ اندھیرے میں اونچے درختوں اور بے چراغ لیمپ پوسٹوں سے گھری پختہ سیاہ روش اور دور درختوں کے کنج میں سے ٹم ٹم نظر آتی ترت مراد شاہ کے مزار کے دیووں کی روشنی بہت ہیبت زدہ کر دیا کرتی تھی۔ نامعلوم سی دہشت کی ایک خنک اور جما دینے والی لہر سارے وجود میں دوڑ جایا کرتی تھی۔

اور خوف و دہشت انسان کے لیے کتنی اہم اور ضروری شے ہے کہ انسان خوف زدہ نہ ہو تو بہت پھیلتا ہے اور آدمی سے آدمی دور بھاگتا ہے اور جب وہ دہشت زدہ ہوتا ہے تو وہ سکڑتا ہے اور ایک دوسرے کے بہت قریب ہونا چاہتا ہے۔

ہاں تو ہم اپنی سانسوں اور آہٹوں سے ڈرتے لرزتے جم خانے والی سڑک پر چلتے چلتے پنجاب کلب کی جانب آنکلتے۔ کلب ہال کے شیشوں سے چھن چھن کر آتی روشنی اور سایوں کے سوا ایک آواز بھی نہ سنائی دیتی اور ہمیں خوب معلوم ہوتا تھا کہ اندر تاشوں کی بازی اور وہسکی کے پیگ پر بزنس پیکٹ طے ہو رہے ہوں گے، لین دین کے معاملے اور خفیہ

معاہدے زور شور سے کیے جا رہے ہوں گے۔

وھسکی کے ایک پیگ کے گردش میں آنے اور کسی عورت کے اِدھر سے اٹھ کر ادھر بیٹھ جانے پر لاکھوں اور ہزاروں کے وارے نیارے ہو رہے ہوں گے۔

اور ہمیں یہ بھی خوف معلوم ہوتا تھا کہ اب لوگ شراب پی کر بدمست نہیں ہوتے، بے خود ہونے کی بجائے اپنی بزنس کے سارے معاملے اسی عالم میں کرتے ہیں اور اگر لوگ شراب پی کر بدمست ہو جایا کرتے تو انہیں ایل ایس ڈی ایجاد نہ کرنا پڑتی تھی۔

پھر بھی اس سڑک پر آکر خون جمنے لگتا اور ہر لحظہ یوں معلوم دیتا جیسے کوئی ابھی جھومتا جھامتا آپڑے گا۔ قدم تیز اٹھتے، سانس تیز تیز چلتی اور ہم سردی میں یخ ہوئی گاڑیوں میں بے آرامی سے سوئے ہوئے ڈرائیوروں کو دیکھتے اور ان سے بھی ڈرتے جلد جلد قدم اٹھاتے اس گیٹ پر آنکلتے جس کے عین مقابل آرٹ کونسل کی عمارت ہے اور جس کے ساتھ برگد کا گھنا اور اتنا زبردست درخت ہے کہ اس کی جڑوں کی قوت نے پختہ اور شفاف سڑک کے ساتھ ساتھ والی فٹ پاتھ کو جابجا سے شق کر دیا ہے اور وہ ایک بہت بڑے جڑیلے کارنیکل کی صورت میں ابھر آئی ہے اور اس درخت تلے آتے ہی ہمارے قدم ٹھٹک جایا کرتے تھے۔ برگد کا درخت، تڑخی ہوئی فٹ پاتھ، برگد کے تنے میں اُبھرے ہوئے پھوڑے اور موکھلے، اس کی گھنی مہیب ڈالوں کے اندھیاروں سے لٹکتی جٹائیں، یعنی برگد کی ڈاڑھیاں، خاموشی اور مہیب اندھیرا۔ وقت تھم جاتا، زمانے کی پائلیں بج اٹھتیں۔ برسوں پرانی زندگی چھم چھم رقصاں نظر آتی۔۔۔ گئے وقتوں کے قافلے قطار در قطار گزرتے اور اس بوڑھے برگد کے ریشے ریشے میں خلیے خلیے میں کتنے عہد خوابیدہ ہوتے اور کتنے نئے زمانے انگڑائی لیتے محسوس ہوتے۔ تاریخ سر برہنہ کھڑی ہوتی۔

اور یہ ساری طلسمات اندھیرے اور تاریکی کی تھی۔

ہر شب یہی کچھ ہوتا!

داستانی انداز میں بولتے بولتے وہ اچانک یوں خاموش ہو گئی، جیسے کسی پہاڑی چشمہ کے سوتے قطرہ قطرہ ٹپکتے ٹپکتے اچانک خشک ہو جائیں۔

تب اس نے اندھیرے کمرے میں سڑک کے لیمپ پوسٹ کی شیشوں میں سے چھن کر آتی روشنی کی مدھم لکیروں سے قائم ہونے والی روشنی میں ٹٹول کر تھری کاسل کی سبز ڈبی نکالی، ٹٹول کر سگریٹ نکال کر روشن کیا اور ڈبیہ آگے سرکا دی۔

"پینا ہیں؟"

پھر وہ اندھیرے میں ہنسی۔

میں نے سگریٹ کا کوئی برانڈ مقرر نہیں کیا ہے۔ کارلٹن سے لے کر "او کے" اور "کے ٹو" تک سارے کے سارے میرے ہی برانڈ ہیں۔ البتہ ماچس کا برانڈ ضرور مقرر ہے کہ میں ہمیشہ اور ہر کام کے لیے فلاور باسکٹ ماچس استعمال کرتی ہوں کہ اس کی تیلی لکڑی سے نہیں، مومیائے ہوئے کاغذ سے تیار کی جاتی ہے اور میرے نزدیک لکڑی کو آگ دکھانا گناہ ہے۔

لکڑی جو درخت ہوتی ہے، جو برگ و بار لاتی ہے اور درخت جتنا پرانا ہوتا ہے اتنا ہی خاموش، پُروقار اور مہربان ہوتا ہے۔ کہتے ہیں، کبھی انسان بھی پروقار اور مہربان ہوا کرتا تھا۔

ہاں تو پھر کیا ہوا۔ ایک دم ہی داستانی انداز پھر لہجہ پر غالب آگیا تھا۔ ایک رات یوں ہوا۔۔۔

ایک سرے پر برگد کا درخت تھا اور دوسری طرف وکٹوریہ گیٹ اور اس کے آگے

دیواروں سے گھرا ہوا راستہ یعنی چڑیا گھر کی سڑک۔

تو کیا ہوا کہ اس شب برگد تلے وقت کی چھاگلیں خاموش رہیں، اس کی ایک بھی پائل نہ بجی۔ اگلے اور پچھلے زمانوں کے سارے قافلے گم تھے۔ جیسے کسی نے بھولے سے رات کی بجائے دن کو کوئی کہانی سنا دی ہو اور سارے زمانے رستہ بھول گئے ہوں۔

اور ہم نے چونک کر دیکھا تو وکٹوریہ گیٹ کے نکڑ پر کوکا کولا کا ایک بہت بڑا سا نیون سائن نصب تھا۔ ایک بڑا سا گول دائرہ اور اس کے اندر کئی دائرے۔ ہر دائرے کا رنگ دوسرے سے مختلف تھا۔ ہر دائرے کا اپنا الگ رنگ تھا اور سارے دائروں پر حاوی۔ کوکا کولا کا نام تھا۔ یہ سارے دائرے، گاہ جل اٹھتے اور گاہ بجھ جاتے۔ آنکھوں میں چکا چوند سی ہوئی، نظر تلملائی۔

اس طرف برگد کا پرانا درخت تھا اور اس طرف میسن ہال کی تاریکی کی متلاشی پر اسرار عمارت۔ ہمارے اس ہاتھ کو واپڈا بلڈنگ کا پیالے نما سبز روشنی سے لبریز قبہ تھا اور اس سے کچھ آگے، الفلاح کی روشن جبین اور اس کی نیون سائنز سے دمکتی پیشانی پر سروس شو والوں کا بار بار لپکتا ہوا جوتا۔ حد ہو گئی تھی۔

ہمارے عہد کی راتیں سوگوار اور ماتم کناں تھیں۔ تم نے راتوں کی خلوتوں پر چھاپے مارے ہیں۔ پہلے تم نے ہماری اذانوں کے اسرار گم کیے۔ مائیکروفون کی لہروں پر کرخت آوازوں میں دی جانے والی اذانوں میں کوئی بھید اور کوئی راز باقی نہ رہا اور اب تم نے ہماری راتوں کے سہاگ بھی لوٹ لیے۔

اور شبوں کا تقدس تو ان کی افسردگی، ان کی ظلمتوں اور ہیبت سے عبارت ہے۔

اب نہ ہماری راتوں میں سکوت باقی ہے اور نہ ظلمتیں۔ انسان اب راتوں کو بھی اتنا ہی نڈر ہے، جتنا وہ دن کو تھا۔

نیون سائنز نے رات کی چادر کو پارہ پارہ کر دیا ہے۔

آہ یہ نیون سائنز۔۔۔رات کے جسم پر چمکتے ہوئے داغ۔۔۔مجھے ان سے خوف آتا ہے اور ان کے نظارے سے میری یہ آنکھیں درد کرنے لگتی ہیں۔

پھر اس روشنی میں انسان کچھ بھی تو نہیں دیکھ سکتا اور اس دنیا میں کتنی بہت سی چیزوں کو انتظار ہوتا ہے کہ ان کی طرف دیکھا جائے۔ مگر اے نیون سائنز۔۔۔ ہمیں تاریکی اور ظلمتوں کی ضرورت ہے۔۔۔ کہ بہت سی روشنی نظر کو خیرہ کر دیتی ہے۔

وہ پھر اندھیرے میں ہنسی اور عجیب بات ہے کہ اتنی بہت سی پگلی اور بے سر و پا باتیں کرنے کے باوجود اس کی ہنسی میں ذرا بھی پگلاپن نہ تھا۔

اور پتہ ہے کیا ہوتا ہے، جب ہم بہت دیر تک چوندھیا دینے والی روشنی کی طرف دیکھتے ہیں تو وہ ہماری آنکھوں میں بس جاتی ہے۔ ہم آنکھیں بند بھی کر لیں تو بھی ان بند آنکھوں میں وہ روشنی در آتی ہے۔

اور پتہ ہے کیا ہوا۔۔۔ شاید یہ نیون سائنز میری آنکھوں میں سما گئی ہیں۔ یہ ہر گھڑی رنگت بدلتی اور اندھیرے اجالے سے آنکھ مچولی کھیلتی ہوئی میری آنکھوں میں بس گئی ہیں۔

جب ہی تو میں نے یہ نیون سائنز انسانی چہروں پر جلتی بجھتی دیکھی ہیں۔ اب اس کی آواز پر وحشت تھی۔

دیکھو مجھے لگتا ہے۔۔۔ نہیں نہیں لگتا کیا ہے یہ حقیقت ہے۔ میں کریک ہو گئی ہوں، مجھے لگتا ہے کہ جیسے میرے دماغ کا ایک حصہ ضرور خراب ہے۔

"میں روشنی کر لوں؟" اس کے ساتھی نے گھبرا کر پوچھا۔

"تم روشنی کر کے کیا پاؤ گے، جبکہ اندھیرے اور اجالے میں فرق ہی نہیں رہ گیا۔

اجالے اب اتنے عنقا تو نہیں۔ اب تو راتیں بھی اندھیری نہیں ہوتیں۔"

تاریکی میں سگریٹ کا روشن سرا بجھ جانے والی شمع کے گل کی طرح دمک رہا تھا۔

"پھر بھی روشنی کر لینے میں کیا حرج ہے۔ تم یوں سدا اندھیرے میں تو نہیں بیٹھ سکتیں۔"

"تم روشنی کر لو۔"

تب اس نے بتی جلائی اور وہ یہ دیکھ کر حیران رہ گیا کہ وہ نہایت مطمئن اور باہوش نظر آ رہی تھی۔ اس کو اطمینان سا ہوا اور حیرت بھی۔

"ارے!"

"ارے کا کیا مطلب، تمھیں کس بات پر حیرت ہوئی!؟"

"کچھ نہیں۔" اس نے بات بنائی، "تمہارے گرد قلم ہے، کاغذ ہیں، برش ہے، رنگ اور روغن ہیں۔ تم کیا ایک وقت میں دو کام کرتی ہو۔"

"دراصل، میں کچھ بھی نہیں کرتی ہوں۔ جب ہم سب کچھ کرنا چھوڑ دیتے ہیں تو اپنے اردگرد بڑا اطمطراق اکٹھا کر لیتے ہیں اور لوازمات کا ایک جال بن لیتے ہیں۔ اچھا، اب تم نے اصل بات کہنے سے گریز کر کے دوسری بات کیوں کی تھی۔ اس لیے نا کہ تم نے یہ نہیں کہنا چاہا تھا کہ ارے تم تو ذرا بھی پاگل نہیں نظر آ رہی ہو۔ نہیں، میں پاگل نہیں ہوں، لیکن میرے دماغ کا ایک حصہ ضرور خراب ہے۔ جب ہی تو مجھے محسوس ہوتا ہے کہ میرے اردگرد، میرے جانب کاروں اور ان لوگوں کے چہروں پر جن سے میں خوب اور اچھی طرح واقف ہوں، یہ بڑے بڑے سے بورڈ آویزاں ہیں جو گھڑی گھڑی رنگ بدلتے اور جلتے بجھتے ہیں اور اب یہ حال ہے کہ میں کسی کو بھی نہیں پہچان پاتی۔ اب ہر شخص اجنبی اور ہر گھڑی نیا نظر آئے گا، لوگوں کی محبتیں، وفائیں، نفرتیں اور سارے

اصول گھڑی گھڑی بدلتے ہیں۔

کون کیا تھا؟ اور اب کیا ہے؟ یہ فیصلہ مشکل ہو جائے گا۔

کبھی کبھی مجھے یوں لگتا ہے، میں یہاں اجنبی ہوں اور اپنی بستی سے ناواقف۔

جیسے میری بستی کھوئی گئی ہو۔۔۔ میرے رستے گم ہو گئے ہوں۔

چہرے بہت جلد جلد اپنے رنگ بدل رہے ہیں، یگانگت اور بیگانگی کے فاصلے ختم ہو چکے ہیں۔ ایک ایک انسان کے بے شمار روپ مجھے اپنے محیط میں لے رہے ہیں۔"

تب اس کی آنکھوں کی چمک سے گھبرا کر اس نے ایک بار اور التجا کی، "میں روشنی گل کر دوں۔ بتی بجھا دوں۔"

"ہاں، ضرور۔" اس نے فوراً جواب دیا۔ اندھیرے اور ظلمات میں بڑا تحفظ اور بڑی یکسانیت ہے۔ اندھیرے بڑے پردہ پوش ہوتے ہیں۔

بتی بجھی تو وہ چونک کر پوچھنے لگی، "ہاں، تو میں کیا کہہ رہی تھی؟"

"کیا بہت ضروری ہے کہ انسان کچھ نہ کچھ کہتا ہی چلا جائے؟"

"ہاں، کم سے کم اس کے لیے بہت ضروری ہے جسے ہر چہرے پر چھوٹے بڑے بے حساب دائرے نظر آتے ہیں۔ گھڑی گھڑی جلتے بجھتے، رنگ بدلتے اور تمام دائروں پر محیط کوئی نہ کوئی اشتہار نمایاں اور خوب صورت حروف میں لکھا ہوا۔ اب انسان کس کس سے کہے اور کس کس کو جتاتا پھرے کہ میں نے تمہارے کون کون سے اور کتنے روپ دیکھے ہیں اور یہ بتاؤ! کہ تمہارا کوئی سچا اور اپنا روپ بھی ہے۔

اب گئے دن کی بات ہے کہ میں نے وہ چہرہ دیکھا جس سے میں بہت واقف تھی اور میں نے اسے بہت دیکھا تھا اور اب میں تمہیں کیا بتاؤں کہ وہ کتنا بدلا اور میں نے اس پر کتنے دائرے اور کتنے رنگ دیکھے۔ حد تو یہ ہے کہ اس پر لکھے ہوئے اشتہار بھی گھڑی

گھڑی بدلتے تھے اور اس چہرے کے مقابلے میں کوکا کولا کا وہ نیون سائن کتنا بہتر لگا تھا کہ جس کے دائرے گھڑی گھڑی رنگ بدلتے اور جلتے بجھتے تھے لیکن کم سے کم ایک چیز تو مستقل اور برقرار تھی کہ اس پر مستقل کوکا کولا کا اشتہار آویزاں تھا۔

اور اب کیا تمہارا خیال ہے کہ مجھ پر یہ فرض تھا کہ میں اپنی اس واقف اور دوست کو یہ بتاتی کہ مجھے تمہارے چہرے پر مختلف دائرے نظر آئے ہیں اور ستم بالائے ستم یہ کہ اس پر کوئی مستقل قسم کا اشتہار بھی تحریر نظر نہیں آیا ہے۔

نہیں، یہ بات درست نہیں۔ کسی کو اس کے بارے میں بتانا اور جتانا بڑا خطرناک اور غیر منفعت بخش سودا ہے۔ دوسروں کے پردے فاش کرنا ہم پر لازم نہیں۔۔۔ کہ خداوند ستار العیوب ہے۔ وہ خود پردہ پوش ہے اور اس نے انسان کو نیون سائنز عطا کیے ہیں کہ وہ اپنے چہروں کو نقاب اندر نقاب رکھیں۔

لیکن یہ بات بھی ہے کہ دیکھنے والی نظر کا خیال نہ کیا کہ یہ گھڑی گھڑی جلتی بجھتی روشنیاں نظر پر ظلم کرتی اور بڑا دکھ دیتی ہیں اور بسا اوقات نظروں میں سما کر رہ جاتی ہیں، کہ میں اس رات کو بہت کھوجتی اور نہیں پاتی ہوں کہ جس رات میں نے برگد تلے سے کھڑے ہو کر وکٹوریہ گیٹ کے نکڑ پر جھلمل کرتے کوکا کولا کے اس نیون سائن کو دیکھا تھا اور پھر اس شب کے بعد اجالے اور اندھیرے نے اپنے آپ کو ان کے محیط میں محصور پایا۔

لارنس کی رات اب بھی ویسی ہی سرد، خاموش اور اندھیری ہیں اور روش روش رات کی رانی کی آوارہ مہک بھٹکتی ہے۔ اب سبھی جم خانے اور پنجاب کلب کے باہر شیشوں سے چھن چھن کر آنے والی روشنیوں کی تاریکی کے پردے چاک کرنے کی ناکام کوششوں میں مصروف نظر آتی ہیں۔ اب بھی وہاں تاش کی بازیوں اور عورتوں کے الٹ

پھیر سے معاملے اور سودے طے ہوتے ہیں۔ لوگ بڑھیا سوٹوں میں ملبوس، بڑھیا شرابوں کے جام ہاتھوں میں اٹھائے اپنے چہروں پر نیون سائنز کے بورڈ آویزاں کیے ہنس بول رہے ہیں اور رات گئے یا صبح کاذب کے دھندلکے میں کوئی بیرا ان کو نیم بے ہوشی کے عالم میں گھسیٹ کر ان کی گاڑیوں میں ڈال دیتا ہوگا اور ڈرائیور کا شانہ ہلا کر اس کو بیدار کرتا ہوگا۔ "انہیں لے جاؤ کہ ان کے معاملے اور سودے مکمل ہو چکے ہیں۔"

وقت دبے قدموں یوں ہی اپنے کاموں میں مصروف رہے گا اور میں شاید اندھیرے اور ظلمتوں کی عافیتوں کی تلاش میں یوں ہی بے کل رہوں گی۔ میرے اردگرد نیون سائنز کے بورڈ کسی درخت کی ڈالوں پر تیزی سے بڑھتے ہوئے پتوں کے اضافی اور ضربی عمل کی صورت میں بڑھتے جائیں گے اور کہتے ہیں جب درخت ناقص پتوں اور ڈالوں کا بوجھ اٹھائے اٹھائے اکتا جاتا ہے، تب خزاں کے قدموں کی آہٹ سنائی دیتی ہے اور خزاں کے دامن میں بہاروں سے کئی گنا زیادہ رنگ ہوتے ہیں۔ پتے پتے کا روپ بدلتا ہے۔ پتے پتے کا رنگ جدا ہوتا ہے۔ تم نے دیکھا ہے کبھی فصل خزاں کا وہ دَور، جب پتا پتا رنگ بدلتا ہے اور پھر دھیرے دھیرے تمام رنگ آپس میں گڈمڈ ہوتے ہیں تو مکمل اور بھرپور خزاں آتی ہے۔

اور یہ کہیں فصل خزاں تو نہیں۔ کہیں تم نے خزاں کے پاؤں کی چاپ تو نہیں سنی! نہیں ٹھہرو! پہلے میں اپنی کھڑکیاں اور دروازے مضبوطی سے بند کرلوں۔ تب تم کوئی جواب دینا۔ اچھا چھوڑو! مجھے نیند آرہی ہے۔ میں نے تکیہ پر سر رکھ لیا ہے۔

اور اب تم بھی سو جاؤ!"

اس کے ساتھی نے اس کی نیند میں ڈوبی آواز کو آخری بار سنا۔

اور بہت دیر بعد مکمل سکوت کو محسوس کیا۔ بجز دھیرے دھیرے آتی ہوئی نرم نرم

سانسوں کے۔

کھڑکی کے شیشوں میں سے چھن چھن کر آتی ہوئی روشنی میں اس کے چاروں طرف بکھرے ہوئے کاغذ تھے اور بِلا کیپ کا ایک قلم تھا جس کی روشنائی شاید ختم ہو چکی تھی اور سگریٹوں کی راکھ سے لبریز دانی، برش، رنگ و روغن۔ کھڑکی کے شیشوں میں سے آتی ہوئی مدھم روشنی اپنے ساتھ درختوں کی ڈالوں کے جو سائے لائی تھی، وہ دیوار پر مدھم اور پر اسرار نقش ابھار رہے تھے۔

پھر اس نے اکتا کر کھڑکی کا پردہ ہٹا دیا اور کھڑکی کے پٹ کھول کر دیکھا، سامنے کو کا کولا کا ایک نیون سائن گھڑی گھڑی جل بجھ رہا تھا۔

***

سون گڑیاں

تب وہ دن بھر کی تھکی ہاری دبے پاؤں اس کوٹھری کی طرف بڑھتی، جہاں دن بھر اور رات گئے تک کام خدمت میں مصروف رہنے کے بعد آرام کرتی، اور پھر ایک بار ادھر ادھر نظر ڈالنے کے بعد کہ آس پاس کوئی جاگتا یا دیکھتا تو نہیں، وہ کوٹھری کے کواڑ بند کر لیتی۔ طاق پر سے ڈبہ اٹھاتی اور کھول کر کوٹھری کے بیچوں بیچ دھر دیتی اور پھر یکے بعد دیگرے گڑیاں نکل نکل کر اپنے اپنے کار سے لگ جاتیں۔ پہلے سقہ آتا اور پانی چھڑک جاتا۔ پھر خاکروب آتا اور جھاڑو لگا جاتا۔ فراش فرش بچھاتا، مسند تکیہ لگاتا۔ محفل سج جاتی، تب سون گڑیاں زرق برق لباسوں میں نمودار ہوتیں، اور رقص و سرود، ناؤنوش کی محفل درہم برہم ہوتی، اور جو جہاں ہوتا وہیں رہ جاتا۔

تب وہ بی بی سرد آہ بھرتی۔ گڑیوں کو سمیٹ کر ڈبے میں رکھتی، اور کہتی، "جو بی بی تھی، لونڈی بنی، جو لونڈی تھی سو بی بی بنی۔"

تو میں بس یہ کہانی یہیں تک سن پاتا کہ بے سدھ ہو جاتا تھا۔ ہر رات میں نے اس امید پر یہ کہانی سننے کی ضد کی۔ کبھی تو سون گڑیوں کے انجام تک کہانی پہنچے گی ہی اور ہر رات میں اس بی بی کے اس فقرے تک پہنچتے پہنچتے قصہ کہانی اور پریوں کے اصل دیس یعنی خواب کی دنیا میں پہنچ جاتا۔

اور اب ذہن میں اتنی دیکھی اور ان دیکھی، سنی اور اَن سنی کہانیاں گڈمڈ ہیں کہ

میں خود یہ تمیز نہیں کر پاتا کہ ان میں سے کون سی کہانیاں میں نے سنی ہیں اور کون سی دیکھی ہیں۔ لیکن اتنا ضرور جانتا ہوں کہ میرے اندر اب حقیقتیں بھی کہانی بن کر آتی ہیں، اور اب میں نہیں کہہ سکتا کہ آگے جو بات میں بیان کروں گا وہ کس کہانی، کس داستان کا حصہ ہے۔ یہ کہانی اگر مجھے کسی نے نہیں سنائی، تو پھر یہ میرے اندر کہاں سے آئی ہے اور یہ قصہ میرے اندر کچھ اس انداز میں سر اٹھاتا ہے۔

"وہ کہ اس ویرانے میں دشت نوردی کرتا تھا، بھوک لگتی تو کھجور کے چند دانے نوش فرماتا اور چھاگل سے چند گھونٹ پانی لے کر حلق تر کرتا اور پھر آسمان کی طرف منہ اٹھا کر دیکھتا ہی چلا جاتا کہ ایسے موقعوں میں آسمان اور بھی نیلا اور پراسرار نظر آتا ہے۔۔۔ پھر یوں ہوا کہ ایک صبح وہ یونہی فرشِ ریگ پر پاؤں پھیلائے بیٹھا تھا کہ پچھم یعنی مغرب کی جانب سے ایک آہنی چڑیا پرواز کرتی ہوئی آئی اور حدِ نظر کے اس طرف ٹھہر گئی۔ پھر ایک مرد سفید فام گندم گوں بالوں اور کنجی آنکھوں والا اس کی طرف تیز قدموں چلتا ہوا آیا اور اس کی پھیلی ہوئی ٹانگ کو اپنی چھڑی سے چھو کر یوں گویا ہوا۔

اے جوانِ رعنا! یوں ٹانگ پسار کر بے فکری سے بیٹھا ہے۔ اٹھ تیری دولت اس ریگزار کے قلب میں موجیں مار رہی ہے۔ اٹھ کہ تیری جبیں ستارۂ ہوش مندی۔۔۔ نہیں میں بھولا۔ ستارۂ مراد مندی سے دمک رہی ہے۔ اے حاتم! مژدہ ہو کہ تو دونوں ہاتھوں سے دولت لٹائے گا اور اپنے کاسہ لیسوں کی حرص و آز کا تماشہ کرے گا۔

تب وہ جوان نہایت حقارت سے یوں گویا ہوا کہ تیری تمام باتوں سے جھوٹ اور مکر کی بُو آتی ہے۔ اول تو یہ کہ یہ عاجز عمر کے اس دور کو طے کر چکا ہے، جب کہ اس کو جوانِ رعنا کے لقب سے مخاطب کیا جائے۔ دوم یہ تو نے مجھے حاتم کے نام سے پکارا کہ حاتم نام کا ایک شخص ہو گزرا ہے۔ بہت پہلے قبیلہ طے میں کہ اس کی داد و دہش کا چرچا سارے

مشرق میں ہے۔ کہاں حاتم طائی، کہاں یہ عاجز و بے نوا، تب وہ سفید فام اس کی حقارت پر بڑے صبر سے مسکرایا اور گویا ہوا، مردِ دانا کی بات کو مان، چوں و چرا اسے کام نہ لے۔ تیرے حصے کی دولت اور رعنائی کو ڈھونڈنا میرا کام ہے اور تیرا کام فقط اس کو دونوں ہاتھوں سے لٹانا اور اس درجہ پھینکنا ہے کہ حاتم طائی کو بھی شرما دے۔ تو مجھے فقط اتنی اجازت دے کہ میں تیری دولت کی تلاش میں کنوؤں میں بانس ڈالوں اور ان کو اچھی طرح کھنگالوں۔"

تو بس یہ کچھ اسی قسم کا قصہ تھا، جو کچھ دن سے میرے تحتِ شعور یا نہ معلوم کون سے شعور میں بھٹک رہا تھا۔ مگر ان دنوں کہ جب میں ابھی کالج میں زیر تعلیم تھا اور گریجویشن کی تیاری کر رہا تھا، میرے خیال میں کبھی نہ آتا تھا۔ اور پھر جب میں نے امتحان میں تھرڈ ڈویژن لی، جب بھی ذہن کے کسی گوشے سے کبھی اس گوشے نے سر نہ اٹھایا، تو خیر اس وقت کی بات اور تھی اور میرے ذہن و گمان میں بھی نہ تھا کہ میری یہ تھرڈ ڈویژن اونٹ کے گلے کی بلی بن جائے گی۔ پھر پے در پے مجھ پر یہ انکشاف ہوئے کہ کلرکی کی جس پوسٹ کے لیے میں نے درخواست خود ٹائپ کی تھی، اس کے لیے پانچ سو فرسٹ، بارہ سو سیکنڈ اور ہزاروں تھرڈ ڈویژن والے خواہاں تھے۔ چنانچہ اس پوسٹ کو اس لیے ابالش کر دیا گیا کہ جب ایک انار سو بیماروں کی چارہ گری نہیں کر سکتا تو اس کو دریا برد کر دینا ہی مناسب ہے۔

کلرکی کی اس نایاب پوسٹ کے علاوہ میں نے بحری، بری اور فضائی افواج کی بھرتی کے دفاتر سے بھی ہر قسم کے فارم حاصل کر کے پر کیے تھے کہ سنا تھا کہ یہاں بھرتی کا بازار گرم اور نفری کی مانگ شدید ہوتی ہے۔ مگر وائے ناکامی اور ان دفاتر کے یکے بعد دیگرے کئی انٹرویو دینے کے بعد مجھ پر چند ضروری انکشافات ہوئے، یعنی یہ کہ میری

نظر حد سے زیادہ کمزور ہے، اس لیے کم پاور والے بلب میں رات گئے تک غلط رخ بیٹھ کر پڑھنے کی بنا پر میری عینک کے شیشوں کے نمبر نفی کی جانب زیادہ مائل ہیں۔ پھر یہ کہ میرا قد کافی چھوٹا نکلتا، یا پھر ضرورت سے زیادہ لمبا نکلتا۔ اسی طرح میرا وزن بھی غیر معتدل پایا گیا اور ان کے علاوہ جو میں نے پرائیویٹ انٹرویو دیے، ان کے نتائج حسب ذیل رہے:

(۱) اس پوسٹ پر سلیکشن تو پہلے ہی ہو چکا تھا، اور یہ اشتہار تو فقط یہ جائزہ لینے کے لیے دیا گیا تھا کہ ملک میں بے روزگاری کے اعداد و شمار کیا ہیں۔

(۲) آپ کو دھکا دے کر اس دروازے میں داخل کرنے والا کوئی نہ تھا۔

(۳) عرصہ تک بیمار رہنے کی بنا پر آپ کے اعصاب مشتعل یا پھر مضمحل ہو چکے ہیں اور ایسی صورت میں ہم آپ کو ملک و قوم کی خدمت کا اہل نہیں سمجھتے۔

خلاصہ یہ کہ ہمیں افسوس ہے۔

اور واقعہ یہ ہے کہ افسوس تو مجھے بھی تھا کہ اب مجھ میں سوتیلے چچا کی وہ چبھتی ہوئی نظریں برداشت کرنے کی قوت بھی گھٹتی جا رہی تھی۔ وہ مجھ پر اس لیے ڈالتے تھے کہ میرے دونوں ٹیوشنوں کی مجموعی آمدنی صرف تیس روپے بنتی تھی اور یہ کہ مکان کا سارا کرایہ ان ہی کو دینا پڑتا تھا۔ ہم نے بجلی کے بل بھی ایک مدت سے ادا نہیں کیے تھے اور سب سے زیادہ یہ کہ جب ہم ماں بیٹا ان ہی کی چھت تلے بیٹھ کر بغیر بگھری دال سے تندوری روٹیاں کھاتے تھے، تو ان کے وقار کو صدمہ پہنچتا تھا۔ چنانچہ وہ میرے دل سے بہی خواہ تھے اور یہ کہ دلی آرزو تھی کہ میرے کھانے میں کم سے کم ڈالڈا گھی ہی شامل ہو۔

تو یہ ٹھیک ہی تھا کہ وہ ان دنوں میری ماں پر بری طرح گرجتے برستے تھے کہ اپنے ساتھ لڑکے کا دماغ بھی عرش معلی پر پہنچا رہی ہے اور جو یہ سوچو کہ میرے لڑکے کی برابری کرو، تو میرے لڑکے کی بات اور ہے۔ میں نے ان پر احسان کیا تھا۔ بس احسان ہی

سمجھو۔ وہ احسان کی تفصیلات میں جانے والے تھے۔

تو انہوں نے یہ گرما گرمی جن دنوں دکھائی، ان دنوں شہر میں ایک عجیب و غریب ہوٹل کھلنے والا تھا کہ اس کے متعلق جو بھی بات سنی، ایسی کہ یقین نہ آئے۔ ایسے جیسے احمقوں کی خیالی جنت کی بات اور چچا نے اپنی یا میری اس جنت کا ذکر کئی دن اس طرح لگاتار کیا کہ مجھے ان کی اور اپنی دونوں ہی کی دماغی صحت پر شک ہونے لگا اور پھر ایک دن وہ آیا کہ وہ میری ماں پر پچھلے تمام دنوں سے زیادہ بڑھ چڑھ کر گرجے برسے، اور پھر انہوں نے ان کو دھمکی دی کہ عدم تعاون کی صورت میں ان کا آخری فعل یہ ہوگا کہ وہ ہمارا سامان اٹھا کر گلی میں پھینک دیں گے۔ چنانچہ پھر خشک ہونٹوں، سوکھی آنکھوں اور تھرتھراتے جسم کے ساتھ ماں نے عہد کیا کہ وہ جس بات میں ان کا تعاون مانگتے ہیں، وہ ان کو ملے گا۔ البتہ بات تو پتہ چلے کہ کیا ہے۔

چنانچہ وہ بات یہ پتہ چلی کہ بھرتی ہونے کے بعد میں اپنا چھوٹا سا ٹرنک اٹھا کر تیز گام کی تلاش میں اسٹیشن کی جانب روانہ ہوا، تاکہ بڑے شہر جا کر اس بڑے ہوٹل میں ویٹر اور بٹلر کی باقاعدہ تربیت لینے اور بحیثیت اپرینٹس کام کرنے کے بعد یہاں واپس آکر اپنے اس معزز عہدے کا چارج سنبھالوں کہ ایک تھرڈ ڈویژن میں پاس گریجویٹ تو اس تنخواہ کا تصور خواب و خیال میں بھی نہیں کر سکتا۔

تب میں نے اس شہر کی جاگتی جگاتی راتوں میں بارہا سون گڑیوں کی کہانی کو نہیں معلوم کہ سنا، دیکھا یا سوچا تھا اور میرا خیال تھا کہ یہ سون گڑیاں اور ان کا خیال مجھے فقط اسی شہر کی روشن راتوں میں ستاتا ہے، جس کی سڑکیں اور شاہراہیں دن کو نسبتاً خاموش اور چپ چاپ نظر آتی ہیں۔

میں اس نئی زندگی میں خاصا فٹ ہو گیا تھا، اس لیے کہ اب وہ سیٹ پر سے گھسی ہوئی

پتلون میں نے ایک سائل کو دے دی تھی اور مارکیٹ کی دکانوں میں سجی رہنے والی کئی پتلونیں اب میری اپنی ملکیت تھیں اور پھر یہ کہ ٹریننگ اور کام کے دوران ہم کو عجیب و غریب قطع کی اور رنگوں کی یونیفارم پہننے کو ملتی تھیں، جن میں ہمارے رنگ و روپ تو خاصے چمک جاتے تھے لیکن ان کو پہن کر ہم میں سے اکثر کو اپنے اسکول اور کالج کے دنوں میں مسخروں اور احمقوں کے وہ بہروپ اور لباس یاد آجاتے تھے، جن کو پہن کر ہم کالج اسٹیج پر دندناتے پھرتے تھے اور ناظرین پر اپنے ٹیلنٹ (TALENT) کی دھاک بٹھایا کرتے۔

چند خر دماغ لڑکے ہمارے تربیتی گروپ میں ایسے بھی شامل تھے، جو اس رنگارنگ یونیفارم کو نہ پہننے اور محض سفید قمیص پتلون میں سروس کرنے پر مصر ہوئے۔ یہ ایک اچھا خاصا ہنگامہ رہا، تاوقتیکہ ان کے ہاتھ میں برخواستگی کے پروانے نہ تھما دیے گئے۔ ہم جیسوں نے ان کو حیرت کی نظر سے دیکھا کہ وہ اپنی مارکیٹ سے خریدی پتلونوں کے بنڈل سمیت اس وسیع و عریض شہر کی سڑکوں پر دھکے کھانے روانہ ہو گئے۔

تو چنانچہ ایک دن ایسا بھی آیا کہ میں چند سو روپوں کے علاوہ کٹ پیس کے کئی اچھے ٹکڑوں اور احمد کے حلوے سمیت پھر اپنے شہر واپس آیا اور دوسرے دن اپنی والدہ سمیت اس موجودہ فلیٹ میں دو کمروں میں منتقل ہو گیا۔

اس فلیٹ کے فرش صاف ہیں اور اس میں ایک نئے بنے ہوئے نعمت خانے میں کئی طرح کے کھانے کی چیزیں رکھی مل جاتی ہیں۔ دیوار میں جو الماریاں ہیں، اس میں سچ مچ کے کپڑے یعنی میرے اپنے خریدے اور سلوائے ہوئے لباس موجود ہیں۔ مگر اب قصہ یہ ہے کہ اب فرزانہ مجھ سے نہیں ملتی۔ پہلے وہ چچا کے گھر آتی تو میں اس کے ڈر سے اپنے پرانے جوتے اور خستہ کوٹ چھپاتا پھرتا تھا اور اب تو میرے دو جوڑے جوتے سامنے ہی

شوریک پر رکھے رہتے ہیں اور میرا اور کوٹ سامنے کھونٹی پر ٹنگا ہوا ہے۔ مگر وہ مجھ سے بدستور ناراض ہے۔

وہ مجھے کہتے ہیں اس سے باز آؤ میں تمہیں سون گڑیوں کی کہانی سناؤں۔ مگر یہ کچھ ایسا چلتا پھرتا وقت ہے کہ کون کسی کی سنتا ہے اور کون سننے کے قابل بات بولتا ہے۔ اور اب تو مجھے اتنی بھی تمیز نہیں کہ کون سی کہانی سنی تھی، کون سی دیکھی تھی، اور کون سی خود سوچی تھی۔ زندگی کی رواروی میں ساری کہانیاں گڈمڈ ہو رہی ہیں اور ہم صبح سے رات تک مختلف شفٹوں کی شکل میں رنگ برنگی مسخری وردیوں میں بے تحاشا کھانوں سے لبریز ظروف سے لدی پھندی میزوں کے ارد گرد منڈلاتے اور کھانے والوں کو چندھیاتے رہتے ہیں کہ کس طرح اپنے دس روپے فی کس کو زیادہ سے زیادہ وصول کرلیں۔

ہم یہاں کھانے والوں کو چندھائیں، یا پھر ان کے سامانوں اور مقفل کمروں کے رکھ رکھاؤ کا خیال رکھیں، جو ادھر سوئمنگ پول کے ادھر ادھر رنگ برنگی کرسیوں پر کم لباسی اور بے فکری کے ساتھ دھوپ میں پڑے (TAN) ہو رہے ہیں، یعنی اپنے آپ کو بھورا کر رہے ہیں، مگر کیوں؟ گندم گوں بالوں، کنجی آنکھوں والے سفید فام کس خبط میں مبتلا ہیں؟ میں نے ابھی ابھی سوچا تھا، اور ساتھ ہی میرے ذہن میں وہ کہانی ابھری ہے۔ میں اور میرے ساتھی جو ہر وقت اس خوف میں مبتلا ہیں کہ کبھی کہیں ان میزوں پر آکر وہ لوگ نہ بیٹھ جائیں، جو ہمارے ہم جماعت، ہم پیالہ و ہم نوالہ ہوا کرتے تھے، تو پھر اس خیال سے بچنے کے لیے ہم خوب سوچتے ہیں، حتیٰ کہ چیزیں جو ہمیں پکڑائی جاتی ہیں، ہمارے ساتھیوں سے پھسل پھسل جاتی ہیں۔

تو چنانچہ پھر وہ کہانی یوں گڈمڈ ہوئی کہ ان دنوں میں حاتم دوراں کی آمد آمد کا غلغلہ

بند ہوا کہ اس کو کسی مردِ دانا نے مژدہ دیا تھا اور دولت کو دونوں ہاتھوں سے لٹانے کی تلقین کی تھی۔ پھر اس کا شکار یہ ٹھہرا کہ سردیاں گرم مشرقی علاقوں کے سیر و شکار میں گزرتیں اور گرمیاں ارضِ مغرب کے نشاط خانوں میں اور باقی وقت اسی ویرانے میں شکرے سے چڑیوں کے شکار میں گزر جاتا لیکن اس کے ارد گرد لوگ جمع رہتے کہ وہ اہل طمع کا تماشا کرے۔

چنانچہ وہ جوانِ رعنا کہ اپنی عمر کے چالیس سال سے اوپر کئی سال گزار چکا تھا، آیا اور بڑی شان سے آیا تھا، اس نے اہل طمع کا تماشہ کیا اور ہم نے اس کا اور سب کا تماشہ کیا کہ اس دور کے حاتم کا دستور بھی نیا تھا۔

کہ جس کے پاس ہے اس کو دیا جائے گا۔

چنانچہ جس کے پاس تھا، انہوں نے اس کے گرد حلقے کو تنگ کیا اور پھر اس حلقے میں سون گڑیوں کا عمل دخل ہوا کہ نئے حاتم کے ارد گرد حلقہ ڈالنے والوں اور مصاحبین کو محفل طرب بھی جمانا تھی۔

چنانچہ سون گڑیوں کی کہانی میرے ذہن میں یوں گڈ مڈ ہوئی کہ اب آدھی رات کو کوئی بی بی ڈبہ نہ کھولتی۔ بلکہ یوں ہوتا کہ آدھا پہر دن گزارنے کے بعد ہم از سر نو میزیں سجاتے۔ پھول دانوں کے پھول بدلتے، مشروبات کے دور تیار کرتے اور تب وہ مردِ حاتم اور اس کے ساتھی نیچے آتے اور سون گڑیاں از خود نظر فریب اور دلربا لباسوں میں آکر اس کے گرد گھیرا ڈال لیتیں اور اس حلقے کے باہر ایک اور گھیرا تیار ہوتا کہ وہ اہل غرض اور اہل طمع اور مردِ حاتم کے ساتھی سون گڑیوں کے ساتھ ہنگامہ و ناؤنوش تیار کرتے، اور اچھا وقت گزارتے اور اچھا ہاتھ مارتے۔ یہ سب کچھ ہوتا مگر مردِ حاتم اس سب کے عین وسط میں ایک ننھے سے نیوکلس کے مانند تنہا اپنے گرد عملِ ضربی کو تیزی

سے مصروف کار دیکھتا، تماشہ کرتا، اور مسکراتا کہ اس کا کام اور مقصد ہنگامہ ناؤ و نوش برپا کرنا تھا، بلکہ اہل غرض کا تماشا کرنا تھا اور سون گڑیوں کی بے بضاعتی پر مسکرانا تھا کہ وہ اہل غرض اور اس کے مصاحبین کے درمیان وسیلہ بن کر اپنے آپ میں بہت بالا تھیں۔

کہانی جب یوں گڈ مڈ ہوتی، تو میں اپنے ساتھی کو کہ میں اور وہ مرد حاتم کی شب و روز خدمت پر مامور ہوئے تھے کہتا، دوست میں تم کو ان گڑیوں کی کہانی نہیں سنا سکتا، جو آدھی رات کو ٹین کی صندوقچی سے نکل کر محفل طرب جماتی تھیں۔ اب تم ان سون گڑیوں کو دیکھو کہ دن کے اجالے اور شام کے جھٹپٹے میں بے محابا محفلیں برپا کرتی ہیں اور کسی کو ضرورت محسوس نہیں ہوتی کہ ادھر ادھر دیکھ کر اطمینان کرے کہ کوئی دیکھتا تو نہیں، اور یوں میرے ذہن میں ان سنی کہانی ابھرتی کہ مجھے اعتراف ہے کہ داد و ہش کے اس سلسلے میں میرا بھی حصہ رہا اور میری ساری جیبیں بہت گرم رہنے لگیں۔ تب ہم نے ایک اور فلیٹ بدلا اور میں نے اور میری ماں نے سوتیلے چچا سے یوں ترک تعلق کیا کہ مبادا وہ اپنے اس احسان کے بدلے چکانے ہمارے پاس آجائیں، جو انہوں نے آخری مرتبہ ہنگامہ کر کے مجھے یوں فٹ کروا کر کیا تھا۔

لیکن فرزانہ کا معاملہ قدرے پیچیدہ تھا کہ ہمارے نئے فلیٹ میں پہنچنے کے بعد اس کے رویہ میں نرمی آگئی تھی اور اس نے بار بار یہ کہنا چھوڑ دیا تھا، "مگر تمہاری عزت کیا ہے۔" اب تو کئی بار وہ خود مجھ سے ملنے آئی تھی، مگر قصہ یہ ہے میں نے سون گڑیوں کی کہانی "چشم دید" طور پر دیکھی اور ان کی قوتوں اور بالا دستی کا نظارہ کیا۔ اب مجھے صبح کا ستارہ ڈوبنے سے پہلے ٹین کی پٹاری کو بند کرتے کرتے۔۔۔ جو رنڈی تھی سو بیوی بنی، جو بیوی تھی وہ باندی بنی۔۔۔ کہنے والی خاتون سے کیا دلچسپی ہو سکتی ہے۔ چنانچہ میرا اور میرے تھرڈ ڈویژن میں پاس ہونے والے تمام دوستوں کا فیصلہ یہی تھا کہ اس ڈگری اور

ایسی احمق خاتون کہ بیوی سے لونڈی بن جائے، کے مقابلے میں سون گڑیاں بدرجہا بہتر ثابت ہوتی ہیں۔

مگر یہ رموز فرازانہ جیسی لڑکیوں کے کب سمجھ میں آسکتے ہیں کہ صبح صبح کالی نقاب منہ پر ڈال کر اور داہنے ہاتھ میں نوٹس کی کاپی اٹھا کر وہ اپنے مستقبل کے اجالوں کی تلاش میں بسوں کے دھکے اور کنڈکٹروں کی گھڑکیاں کھانے گھر سے نکل پڑتی ہیں۔

جب کہ سون گڑیوں کی بات اور ہے۔ میں ایسی ہی ایک پٹاری کی تلاش میں ہوں کہ جس میں ایک یا کئی سون گڑیاں بند ہوں۔

***

شیر دہان

گرجا گھر والے بڑے سکول کی بائیں طرف سڑک مڑ کر گلی میں داخل ہو جاتی تھی یا پھر گلی موڑ کھا کر سڑک پر چلی آتی تھی۔ چھوٹی سی مختصر سی گلی تھی جس پر ریڈیو ٹرانسٹر کی مرمت کی دکانیں تھیں۔ دو چار وہ بھی بہت معمولی، گرد آلود۔ ایک دکان جو ریفریجریٹروں کے چھوٹے سے شوروم کی طرح استعمال ہوتی تھی۔ ایک مرتبہ غم و غصہ کے کسی اظہار کے موقعے پر پبلک نے مٹی کا تیل (ہو سکتا ہے پٹرول ہو) چھڑک کر ماچس کی تیلی اس پر پھینک دی۔ تیلی پھینکنے والے کو شاید یہ پتا بھی نہ ہو گا کہ شوروم کے مالک نے اپنا سارا جی پی فنڈ اور انشورنس پالیسی فروخت کر کے یہ شوروم بنایا تھا۔ ابھی دو ہی فریج نکلنے پائے تھے۔ خیر بعض لوگوں کا خیال تھا کہ دشمنی اور حسد کا نتیجہ تھی یہ حرکت۔ بہر حال وہ دل پکڑ کر رہ گیا۔ قالینوں کے ایک شوروم میں سیلز مین کے طور پر ملازمت کرنے لگا۔ کہتے ہیں ایک دن گاہک کو قالین دکھاتے دکھاتے وہیں لیٹ گیا، پھر نہ اٹھا۔ جملہ معترضہ کچھ زیادہ ہی لمبا ہو گیا۔ ورنہ کہنے کی صرف یہی بات تھی کہ اسی دکان کے عقب میں پتلا سا گیلری نما سر ہیرا تھا۔ اسی میں برسوں سے ایک دبلا پتلا سا شخص سیکنڈ ہینڈ کتابوں کی دکان لگائے بیٹھا تھا۔

سر ہیرے یا گیلری نما کمرے کے چاروں طرف اونچے اونچے لکڑی کے ریکوں پر کتابیں لگا کر جماعتوں کی نشان دہی کر دی تھی۔ گتے کے چھوٹے چھوٹے چوکور ٹکڑوں

پر۔۔۔ میٹرک، ایس سی (سینئر کیمبرج) غرض کے جی ون سے میٹرک اور ایس سی بلکہ ایچ ایس سی کی کتابیں بھی دستیاب تھیں۔

لوگوں کو تعجب بھی ہوتا تھا کہ یہ کیا بات ہے کہ مارکیٹ اور بڑی بڑی دکانوں میں تو کتاب ملے نہ۔۔۔ مگر اس پرانی سیکنڈ ہینڈ دکان پر کبھی یہ جواب سننے میں نہ آیا کہ کتاب نہیں ہے۔ بات یہ کہ بچوں اور دکان داروں کے درمیان معاہدہ رہتا تھا کہ نتیجہ سنتے ہی پورا کورس بندھا ہوا مجھے دے جاؤ، پھر دیکھو تم جو کتاب مانگو گے، ملے گی۔ یقینی طور پر پاس ہونے کا اندازہ لگا لینے والے بچے (نتیجے والے دن) پیسج ڈے کو پورا کورس بندھا ہوا ساتھ لاتے۔ وہ اس کے بدلے میں اگلی جماعتوں کے کورس لے لیتے، کچھ رقم کے اضافے کے ساتھ۔ سکول کے بچوں نے کبھی اس کا نام جاننے کی بھی کوشش نہ کی۔ وہ "کتابوں والے سر" کے نام سے مشہور تھا۔ تقریباً ساڑھے تین فٹ کا قد، دبلا پتلا، سیدھا پاجامہ، پرانی وضع کی دھاری دار قمیص۔ چھوٹی سی فرنچ کٹ ڈاڑھی۔۔۔ ذرا اندر کو دھنسی چمکدار ہنستی ہوئی آنکھیں، آنکھوں پر عینک، منہ میں پان، دل میں بے پناہ قناعت کا دریا موجزن۔۔۔ کتابوں کے ہجوم اور انبار میں دبا بیٹھا رہنے والا یہ شخص۔۔۔ بچوں کے لیے خاصے کی چیز تھا۔ سکول سے نکلے، گاڑی یا بس کے آنے میں دیر ہوئی اور دکان میں جا گھسے۔

صرف کورس ہی نہیں بکتا تھا یہاں، اس کی دکان میں کومکس اور کہانیاں، ہانس کرسچن کی کہانیوں کی رنگین تصویری کتابوں سے لے کر چارلس ڈکنز، ہارڈی، شیکسپیئر اور برنارڈشا کے علاوہ شارلٹ برونٹے، ڈیفنی دی ماریئر اور ڈینس رابنس تک دستیاب اور میٹرک اور ایس سی کی لڑکیاں شہد کی مکھیوں کی طرح ٹوٹ کر گرتی تھیں۔

دکان کا تمام تر چارج کتابیں تلاش کرنے سے لے کر گلے میں پیسے ڈالنے تک کا عمل بچوں ہی کے ہاتھ میں رہتا۔ بہ یک وقت چار چار پانچ مل کر الماریوں کے اوپر تختوں پر

بیٹھے ہوئے کتابیں ڈھونڈ رہے ہوتے ہیں۔ ساتھ پڑھ بھی رہے ہیں۔ یہ بھی ہر قسم کی شرارتوں اور غوغا کے درمیان بڑی طمانیت سے اکڑوں بیٹھے ہیں۔ خود ہی کتابیں چھانٹ رہے ہیں یا پرانی کتابوں کی جِلدیں باندھ رہے ہیں۔ البتہ کھانا کھاتے وقت بچوں سے لڑنے لگتے، "ارے نوالہ حلق سے نہیں اترنے دیتے۔ پانی کا گھونٹ بھی نہیں پینے دوگے؟ نالائقو۔"

پھر بچوں ہی کے مشورے سے کتابیں کرائے پر بھی دینے لگے۔ بس ایک چونی تھما کر اچھی سے اچھی کتاب پڑھنے کو مل جاتی۔ ویسے ان کی طبیعت میں کاروباری ہتھکنڈے بالکل نہ تھے۔ چاہتے تو خود ہی آئس کریم رکھ لیتے، مگر انہوں نے ایک بہت نادار شخص کو اجازت دے رکھی تھی کہ دکان کے آگے والے تھڑے پر بیٹھ کر آئس کریم بیچ لیا کرے۔ اسی طرح مصالحے والے، چنوں اور چپس والے کو بھی کبھی نہ ٹوکا کہ کیا آنے جانے کا راستہ روک کر بیٹھ جاتے ہو۔ ایسے لفافے تو میں خود رکھ لوں گا۔

ایسی ہلا چلی، غلغل اور بچوں کی معصوم مصاحبت میں کچھ احساس ہی نہ ہوا کہ کتنا وقت گزر گیا ہے۔ چونکے تو اس وقت جب یہ محسوس ہوا کہ وہی لڑکے جو پہلے بندروں کی طرح کتابوں کی الماریوں پر چڑھے یا نیچے اکڑوں بیٹھے دکان کو اتھل پتھل کرتے تھے، اب اپنے بچوں کی انگلیاں پکڑے کتابوں کی تلاش میں آنے لگے ہیں۔ پھر وہ ننھے منے بچوں کو بتاتے، "یہ تمہاری امی تو بالکل ہی بندریا تھی، غصہ آجاتا تو لڑنے والے لڑکوں کا منہ نوچ لیتی۔ اف اللہ آئس کریم کتنی کھاتی تھی۔۔۔ اچھا۔۔۔ اچھا! یہ تمہارے ابو ہیں۔ پہلے تو بالکل خرگوش ہوا کرتے تھے۔ بس سر پر کان نہیں کھڑے تھے۔"

ماؤں، باپوں کو کتنا اچھا لگتا تھا، کوئی کس پیار سے ان کے بچپن کی واردات بیان کرتا تھا۔ ایسے میں بھی بہت وقت گزر گیا۔ دکانوں کے کتنے بورڈ بدل گئے۔ کتنی نئی دکانیں

کھل گئیں۔ حد یہ کہ مشروبات کے نام تک نئے نئے آنے لگے۔

کون سی کولا۔۔۔ کون سی کولا۔۔۔ یہ کولا، وہ کولا۔۔۔

کتابوں والے سر کا بچوں سے بڑا مذاق چلتا۔

"آج کون سی کولا پی کر آئے ہو؟ پتا ہے ایک نئی بوتل چلنے والی ہے۔ ڈریکولا؟۔۔۔ سر سے پیر تک ڈرا کر کپکپی چڑھا دینے والی۔"

"ارے بھائی تم اتنی کولائیں پیتے ہو، کبھی لغت میں بھی یہ دیکھا کہ اس کے معنی کیا ہیں! پینے سے اس لفظ کا کیا تعلق بنتا ہے؟"

"آپ بتا دیں سر۔۔۔"

"ارے بھائی ڈکشنری میں تلاش کرو۔ ڈکشنریاں دیکھنا سیکھو۔۔۔ پھر پیو۔۔۔ ڈکشنری دیکھو، لغت دیکھو، بڑے کام کی چیز ہے۔"

بچے آکسفورڈ ڈکشنریوں کے پاکٹ ایڈیشنوں پر ٹوٹ پڑتے۔ پھر اس سلسلے میں ڈکشنریاں بک بھی جاتیں۔ دو ڈھائی حد تین روپے میں ڈکشنری ان کی جیب میں پہنچ جاتی۔

وقت دھیرے دھیرے سرک رہا تھا اور کتابوں والے سر کے پاس اتنی مہلت نہ تھی کہ اس کی رفتار کا احساس کر سکیں۔ بس کبھی کبھار منہ اٹھا کر دیکھتے تو ایسا لگتا جیسے اس جگہ کی اہمیت بڑھ رہی ہے۔ قیمت بہت زیادہ ہو گئی۔ ہر طرف زندگی کی نت نئی غیر ضروریات کی دکانوں میں اضافہ ہو رہا ہے۔ آزو بازو پلازے اور پینوراما ٹائپ عمارتوں کے بننے کی آوازیں آنے لگی ہیں۔ چھوٹی چھوٹی دکانیں لیے بیٹھے لوگوں پر ایک سہم سا چڑھا رہنے لگا۔ مگر کتابوں والے سر کو کیا پرواہ تھی۔ اس اندھیرے، کتابوں اور پرانے کاغذ کی مخصوص بو والے سر ہیرے کو کون پوچھے گا۔ وڈیو فلموں، کیسٹوں اور

ویڈیو گیمز کی دکانیں ابھرتی ہیں، ابھریں۔ میری سستی لیکن بے بہا کتابوں کی کشش بچوں کو ادھر ہی لائے گی۔ وہ مطمئن رہے۔ ویسے بھی طبیعت میں بے صبری، بے چینی نہ تھی۔ ایک جمود سا تھا جو وجود پر طاری رہتا۔

پرانی کتابوں سے پٹی، سیکنڈ، تھرڈ بلکہ فورتھ ہینڈ کتابوں کی وہ گیلری بلکہ سرہیرے نما دکان، ہزاروں روپے ماہانہ پر جس دن اٹھی تو وہ ذرا بھی نہ چونکے۔ افسردہ بھی نہ ہوئے۔ دل کی حالت تو خدا ہی بہتر بتا سکتا ہے۔ مگر یہ کہ چہرے پر شکن بھی نہ آئی۔ دکان کے مالک اور نئے کرایہ دار سے زبانی کلامی Stay لیا اور کوئی نہیں جانتا کہ کس سرگردانی اور تگ ودو سے دوچار ہوئے ہوں گے۔

آس پاس کی ساری ہی دکانیں دھڑا دھڑ چلتی تھیں، خاصی رونق رہتی تھی۔ خاص کر درزی خانے میں گاہک پر گاہک ٹوٹتا۔ اس علاقے میں یہی چار چھے دکانیں تھیں نہ بڑی نہ چھوٹی۔ البتہ بائیں ہاتھ کی تیسری دکان، کہتے ہیں شیر دہان تھی۔ آگے سے کھلی (شیر کے منہ کی طرح) پیچھے سے پتلی۔ کوئی دس سال سے اس کی زنجیر میں موٹا سا زنگ خوردہ قفل پڑا رہتا تھا۔ بس وہی ایک دن آکر توڑ ڈالا۔ ایک چھوٹی سے بالٹی میں قلعی کا چونا تھا۔ پیلا رنگ ملا ہوا ایک نئی سی کوچی، خود ہی دکان میں سفید کر ڈالی۔ مدتوں بعد دکان کو رنگ روغن ملا تو جیسے ہنس پڑی، جیسے شیر نے اپنا دہان کھول دیا ہو۔ پیچھے سے ایک ریڑھی پر لدے کتابوں کے بنڈل آتے گئے۔ دن بھر ٹھونک پیٹ کرتے الماریاں فٹ کرتے گزر گیا۔ پسینے میں تربتر ایسے کہ کرتا اتار کر نچوڑ لو۔ پھر بھی دل ویسا ہی ٹھنڈا تھا، عجب دل تھا، عجب دماغ تھا، ہراساں ہوتا ہی نہ تھا۔ لوگ تھے کہ تین تین چار چار مددگاروں کے ہوتے ہاتھ پاؤں پھولنے لگتے۔ وہ اللہ کا بندہ، اکیلا ہی چپ چاپ اپنی کتابیں جماتا رہا۔ بعضے بعضے بنڈلوں پر تو برسوں برسوں کی گرد جمی تھی۔ پرانے وقتوں کے انگریزی رسالے،

کروشیا کے کام، کڑھائی، بنائی، کراس سٹیچ کے کاموں کے، مگر اب بیبیاں خود کرتی ہی نہیں کچھ۔ خود پڑھتی ہیں یا پڑھاتی ہیں۔ بال سیٹ کرواتی ہیں اور ہر چیز، حد یہ کہ ٹکوزیاں تک ریڈی میڈ بنی بنائی خرید لاتی ہیں۔ بس ان ہی بنڈلوں پر سالوں کے حساب سے گرد کی تہیں جمی تھیں۔ کوئی پوچھتا نہ تھا ان کو۔ کاغذ پیلے پڑتے پڑتے خاکستری ہونے لگے تھے۔ ایسی تمام کتابیں اور رسالے ترپالوں میں باندھ کر کباڑیوں کے لیے الگ رکھتے گئے۔

تب ہی خواجہ قسیم نے آکر معمولی صاحب سلامت کے بعد، اس دکان کی شیر دہانی کے قصے سنانے شروع کر دیئے۔

"یہ دکان چلتی ہی نہیں۔۔۔ کبھی نہیں چلی۔"

پریوں کے دیس سے آئے ہوئے بونے جیسا انسان (سکول کے بچوں کے کتابوں والے سر کے بارے میں یہی ریمارکس ہوتے تھے) مسکرایا۔ بچوں کی صحبت میں رہتے رہتے، کتابوں والے سر کی حسِ مزاح بہت بڑھ گئی تھی۔

"ارے صاحب، یہ تو شیر دہان ہے۔ کہتے ہیں جو عمارت، جو دکان حد یہ ہے کہ بسے بسائے مکانوں میں بھی جو کمرا یا دالان شیر دہان ہو، وہ اپنے اندر کسی کو آباد نہیں ہونے دے گا، فلاح نہیں پانے دے گا۔ خود کھنڈر بن جائے گا مگر بستی کو برداشت نہیں کرے گا۔"

خواجہ قسیم کو جواب دینے کی بجائے دل میں سوچ رہے تھے۔ تو کیا میری وہ پتلی لمبی گیلری نما دکان بھی ایک دم ہی شیر دہان ہو گئی ہے۔

اگرچہ یہ دکان بھی سکول سے بہت فاصلے پر نہ تھی لیکن درمیانی سڑک پر گاڑیوں، بسوں اور ویگنوں نے ایک دم ہی تیز چلنا شروع کر دیا تھا۔ یا پھر یہ بات تھی کہ پہلے بچوں کے ہجوم اور غلغل میں ایسی باتوں پر نظر ہی نہ پڑتی تھی اور سکول کی اس قریبی گلی سے ان

کی موجودہ گلی تک آنے میں دو زیبرا کراسنگز پڑتی تھیں جن کے سرے پر وہ خود ہی آدھا آدھا گھنٹہ راہ کھلنے کے انتظار میں ہی کھڑے رہتے۔

مسخری مسخری ہنستی ہوئی شکلوں، بندروں جیسی عادتوں والے، ساری دکان کی کتابیں بکھیر دینے والوں سے فراق کا سبب بن گئی تھیں، یہ تیز رفتار گاڑیاں اور مصروف راہیں۔ کچھ عرصہ تو دکان جمانے اور ٹھیک ٹھاک کرنے میں ہی گزر گیا۔ لیکن فرصت سے بیٹھنے کے بعد وہ چہرے، وہ شوخیاں بہت یاد آئیں، ملول سے رہنے لگے۔

پھر ایک اور بات کا احساس ہونے لگا کہ اب بچوں کو سیکنڈ اور تھرڈ ہینڈ نصابی کتابوں سے دلچسپی نہیں رہی۔ نہ پرانا کورس دیتے ہیں، نہ لیتے ہیں، حالاں کہ سکول زیادہ دور نہ تھا۔ اب ان کو چونی دے کر کتابیں چاٹنے کا چسکا بھی نہ رہا تھا۔ حالاں کہ آتی دفعہ دکان کی تبدیلی اور نئی دکان کا پتہ چھپوا کر پرچے ان سکولوں میں تقسیم کر آئے تھے جہاں جہاں ان کی کتابیں جاتی تھیں۔

پھر یہ محسوس ہونے لگا کہ اب کوئی چارلز ڈکنز، ہانس کرسچین اور کیٹس کو نہیں پوچھتا۔ شیکسپیئر اور برنارڈ شا کی جِلدیں اپنی جگہ پر ٹھیک ٹھاک رہنے لگیں۔ کیا تو حلق سے نوالہ اتارنا مشکل تھا۔۔۔ کیا اتنی فرصت رہنے لگی کہ دکان کے بیچ و بیچ آرام سے چٹائی پھیلا کر اطمینان سے سوتے رہتے۔

خواجہ قسیم کو جب بھی موقع مل جاتا، آ بیٹھتے۔ ادھر ادھر کی بات اور پھر وہی بات۔۔۔

"یہ شیر دہان ہے۔"

"یہ چلے گی نہیں۔۔۔ وہ بھورے مرزا کا حال یاد ہے۔۔۔" وہ کسی پاس بیٹھے سے گواہی حاصل کرنے لگتے۔ "بس مکھیاں ہی مارا کرتے۔ اونگھتے رہتے تھے، دکان میں بیٹھے۔

گھر والی نکل گئی تھی تنگ دستی سے گھبرا کر۔ دس سال کا ایک لڑکا بھی۔ بس ایک دن تانگہ بلایا۔ لڑکے کی انگلی پکڑی۔ بکسا تانگے میں دھرا اور ایسی گئی کہ شکل نظر نہ آئی بھورے مرزا کو۔"

وہ اس قصے سے گھبرانے لگے۔

"یار کوئی اور بات کرو۔۔۔ تمہاری باتیں سن کر برے برے خواب آتے ہیں۔ جیسے بڑے بڑے سیلاب آ رہے ہوں اور میری ساری کتابیں ان کی لہروں کے ساتھ بہی جا رہی ہوں۔"

تھوڑا وقت اور گزرا تو کورس کی پرانی کتابوں کے علاوہ انہوں نے وقت کی ضرورت سمجھ کر اردو کے رسالے، اردو کی کتابیں رکھ لیں۔ اونچی قسم کے افسانے، اعلیٰ درجے کی ناولیں، کلاسیکی شعراء کے مجموعے، نئی تنقیدیں، نئی شاعری۔ سب ہی کتابیں پرانی کتابوں کی صورت میں جمع کر لی تھیں۔

بعض وقت وہ حیران ہو کر کہا کرتے تھے، "یہ ایسی کتابیں لوگ بیچ کس دل سے دیتے ہیں۔" وہ بھی الماری میں اپنی اپنی جگہ مقیم رہیں۔ اگر کوئی کبھی ہاتھ میں لے کر قیمت پوچھ لیتا تو لرز کر واپس رکھ دیتا، "پرانی کتاب اور اتنی گراں۔۔۔"

وہ بھی اب ذرا تیزی سے جواب دینے لگے تھے۔

"دنیا بھر کی گراں چیزیں تو فخریہ خریدیں گے۔ مگر کتاب کہ جس میں لطافت خیال اور دانش کے موتی ہوں گے، دس پانچ کی بھی مہنگی لگتی ہے۔"

پھر وہ سمجھانے لگتے۔ "بھائی میں سستی کتاب اس لیے بیچتا تھا کہ پرانی کتابوں والے کوڑیوں کے مول بیچتے تھے میرے ہاتھ اور اب میں اتنی مہنگی خریدوں تو۔۔۔"

وہ رک جاتے۔ خیر چلو اب نیا تجربہ بھی کرتے ہیں۔ خیال میں آتا۔

دکان میں جاسوسی ناولیں، رومانی رسالے اور ڈائجسٹ نظر آنے لگے۔ ان کے دو چار پچھلے ملنے والے جو زیادہ تر چونی دے کر پڑھتے، پھر راہ و رسم بڑھ جانے پر دکان میں بیٹھ کر فری مطالعہ کرنے لگے۔ دکان میں بیٹھ کر پڑھنے والوں کا ان کے یہاں کوئی معاوضہ نہ تھا۔ وہ اعتراض کرتے۔

"یہ کیا یار، کیا لا کر جمع کر لیا۔ ریڈر کا مذاق بگاڑ دو گے۔"

"یہ تمہارا قاری رہ کہاں گیا ہے۔ وہ تو اب ناظر ہے۔ ناظر بس دیکھتا ہے۔"

کتابوں والے سر کی عادت نہ تھی کہ وہ کسی چیز کے تعارف سے گھبرائیں یا اسے ہدف ملامت بنائیں۔ یہی سبب تھا کہ انہوں نے کبھی وی سی آر یا وڈیو کو الزام نہ دیا۔ اگرچہ پہلو والی گلی میں ویڈیو گیمز کی دکان کھل چکی تھی اور بچوں کو اس درجہ متوجہ کر چکی تھی کہ چھٹی کے اوقات میں ادھر ہی امنڈتے تھے۔ وہ تو یہ کہا کرتے تھے، "ارے بھائی یہ تو مشینیں ہیں۔ یہ بھلا آدمی کا کیا بگاڑ سکتی تھیں۔ بھلا کیوں کر چڑ بیٹھیں وہ تو آدمی نے خود ہی اپنے آپ پر چڑھا لیا ہے ان کو بلکہ خود چڑھ بیٹھا ہے۔ ارے یہ مشینیں تو بڑی کام کی ہوتی ہیں۔ انسانی عظمتوں اور قوت تسخیر کا نشان۔۔۔ ان کو بھی غلط غلط طریقے پر استعمال کر کے ذلیل کر رکھا ہے۔"

جب سے کتابوں کی دکان پر بیٹھے پڑھا ہی کرتے تھے۔ ذرا وقت ملتا اور مطالعہ شروع ہو جاتا، اس لیے بے تکان بول لیتے تھے مگر عام حالت میں کم سخن ہی نظر آتے۔

ان کو بڑی ناراضگی تھی۔ "یہ بہت ہی نیا آدمی اپنی مشینری سے کام نہیں لے رہا ہے۔ ان مشینوں کے ہاتھوں بیچ دیا ہے۔"

وہ ریڈرشپ کی کمی کا رونا بھی نہیں روتے تھے۔ کہا کرتے تھے، "یہ وقت کی آواز ہے۔۔۔ بس اب کتاب کا عہد ختم ہوا۔"

کسی نے ایک مرتبہ مشورہ دیا کہ علاوہ کتابوں کے کچھ کیسٹ وغیرہ رکھ لو۔ کچھ اور جنرل سٹور والا سامان لگا دیکھو۔

غصہ تو آتا ہی نہ تھا۔ چیں بجبیں بھی نہ ہوئے۔ پان چباتے چباتے بس اتنا کہا، "نہیں بھائی۔۔۔ ملوث نہیں کروں گا اس کام کو کسی دوسری چیز سے۔ کتاب تو بس کتاب ہے۔ اس کا ایک تقدس ہے۔"

بس ایسی ہی باتیں کرتے کرتے ڈاڑھی کڑبڑی ہوئی اور پھر بالکل ہی جھک سفید ہوئی۔

بس ایک دفعہ ہی دکان پر بیٹھنا موقوف کر دیا۔ یہ بات نہیں، مرے مرائے نہیں تھے۔ بس جیسے دل ہی مر گیا تھا۔

بہت مہینے گزر گئے تو ایک نوجوان نے آکر دکان کا تالا کھولا۔ ترپالوں سے ڈھکے کتابوں کے بنڈل ریڑھیوں پر لدوا کر کباڑیوں کے پتے دے کر بھیج دیئے۔ سب شیکسپیئر، برنارڈ شا، موپاساں، دوستووسکی، چارلس ڈکنز۔۔۔ میر، غالب کے نسخے، سرسید کی آثار الصنادید، گھر بیٹھے دل کیسا داغ داغ ہوا ہوگا اس افتاد پر۔

اس نوجوان نے دکان کو نئے سرے سے آراستہ کیا۔ مشہور مشروبات کے بورڈ آویزاں کیے، ایک ایک پر کیسٹ سجائے۔ ایک کاؤنٹر پر کافی کی بوتل، پیالیاں اور پرکیولیٹر دھرا۔ کہتے ہیں دکان تھوڑی رینگنے سی لگی، پھر خود کبھی ادھر نہ آئے۔

ایک مرتبہ خواجہ قسیم کو مل گئے تھے، راستے میں۔ کہنے لگے، "میاں، تم کہتے تھے یہ دکان شیر دہان ہے۔ میں کہتا ہوں یہ وقت شیر دہان ہے۔ لینے نہیں دے رہا ہے کسی کو۔ کسی کی آبادکاری پسند نہیں آرہی ہے اس کو۔۔۔

تخریب کاریاں۔۔۔ سازشیں۔۔۔ ریشہ دوانیاں۔۔۔ جنگوں کی دھمکیاں۔۔۔

خون ریزیاں، یہ سب کیا ہیں۔ آبادکاری کے نقشے مٹانے اور بستیوں کو کھنڈر بنانے کے آثار۔

خواجہ قسیم میری مان لو۔۔۔ دکانیں نہیں، یہ وقت شیر دہان ہے۔ کتاب جیسی معصوم شے کو بھی کھا گیا، مٹا دیا۔۔۔"

***

سانکھیا یوگی

تب سری بھگوان نے یہ اپدیش دیا،

"سانکھیا یوگ اور کرمایوگ دونوں ہی مہا آنند کا کارن بنتے ہیں، پرنتو دونوں میں کرمایوگ، سانکھیا یوگ پر بھاری ہے۔"

اور سری بھگوان نے یہ بھی کہا کہ کرمایوگی تو سنیاسی ہے۔

سری بھگوان، سانکھیا یوگ، کرمایوگ اور سنیاس۔ آہ!

"اوف، اوگوش، وہ کدھر گیا۔ کون تھا۔۔۔ ہوں۔۔۔ ذرا سننے دو، میرے کان بہرے۔۔۔ مگر انسانوں کو کانوں سے نہیں، آنکھوں سے دیکھو۔۔۔ آنکھوں سے۔" وہ چلا رہا ہے۔ اس کی آنکھیں سرخ ہو کر باہر کو ابلی پڑتی ہیں، وہ اُٹھ کر بیٹھنے کی کوشش کر رہا ہے، مگر۔۔۔ مگر وہ نہیں اٹھ سکے گا۔۔۔ نہیں، وہ نہیں اُٹھ پائے گا۔" مگر میرا دل چاہ رہا ہے دواؤں اور انجکشنوں سے بھری ہوئی یہ سفید ٹرے زور سے زمین پر دے ماروں۔۔۔"

اور ہاں نہیں تو پھر اسے سمجھانے کا اور آخر کون سا طریقہ نکالوں۔ ہاں میں اسے سمجھانا چاہتی ہوں کہ تم نہیں اٹھ سکو گے۔ اس وقت۔۔۔ اور شاید یوں بھی ہو کہ کبھی نہیں، مگر وہ نہیں سمجھے گا۔۔۔ اف! میرے خدا! یہ میرا سر کیوں چکرا رہا ہے۔

وہ لڑکھڑا کر کرسی پر بیٹھ گئی تھی اور پھر اس نے اپنا سر کرسی کی چوبی پُشت کے ساتھ

ٹیک دیا۔

اور پھر وہ بھی چیختے چیختے خاموش ہو گیا۔

اس نے اپنا اٹھتا ہوا سر بے بسی سے تکیے پر ٹکا دیا ہے۔

سرخ آنکھوں سے آنسو بہ بہ کر تکیے کے ملگجے غلاف میں جذب ہو رہے ہیں۔

اس نے کرسی کی پشت پر سے سر اٹھا کر ادھر ادھر دیکھا ہے، جیسے وہ خیال کی دنیا سے نکل کر حقیقت اور عمل کی دنیا میں واپس آنا چاہ رہی ہو۔

اوہ! اچھا یہ تھرمامیٹر؟ ہیں۔۔۔ اس نے حیرت سے سپرٹ میں بھیگی روئی کے اندر کھونسے ہوئے تھرمامیٹر کو دیکھا ہے۔ تھرمامیٹر! اچھا تو اس کا مطلب یوں ہوا۔۔۔ اور اب وہ قطعی سوچ بچار اور خواب کی دنیا سے باہر آچکی تھی۔ "اے ای اپنا منہ کھولو ذرا۔۔۔"

"ہوں! ہیں کیا ہے بھئی۔"

بہت زور سے جھلائی آواز میں اس کی چیخ سن کر وہ بھی جھلا گئی ہے۔

"تم اتنا غل کس لیے مچا رہے ہو۔ اس جگہ اور بھی بہت مریض ہیں۔۔۔" اور پھر وہ اپنے لہجے کی ترشی پر ہنس دی ہے۔

اتنی بات سننے اور سمجھنے کا ہوش کس کو ہے اور بلا کہے سنے تھرمامیٹر اس کے منہ میں گھسیڑ دینے کے ارادے سے وہ اس کے اوپر جھکی ہے۔

"ارے! تم رو رہے ہو!" اس نے افسردگی سے کہا ہے اور خود ہی جان لیا ہے کہ اس کی بات کا جواب نہیں ملے گا۔

سرخ سرخ آنکھیں بہت موٹی موٹی نظر آ رہی ہیں۔ ان کے گوشوں میں سے بہتے ہوئے موٹے موٹے اجلے اجلے قطرے کس سہولت سے بہ بہ کر تکیے کے ملگجے غلاف کو نم کر رہے ہیں۔

وہ بے بسی سے تکیے پر سر ادھر ادھر رگڑ رہا ہے۔ "ممی۔۔۔ماں۔۔۔ماتا۔۔۔" وہ بڑبڑایا ہے۔۔۔ ایکا ایکی پوری قوت سے دھاڑا ہے۔۔۔ "مم ڈارلنگ۔" اس کے گلے کی رگیں چلانے کی وجہ سے پھول آئی ہیں اور اس نے بڑی عاجزی سے سوال کیا ہے، "تم مجھے نظر نہیں آرہی ہو۔ مم، کہاں ہو تم۔"

"ہاں میرے لال چندا، ہاں میرے راجا، یہ رہی میں تو۔"

یہ اندر ہی اندر سرگوشیاں سی کون کر رہا ہے۔ اس نے بڑی حیرت سے ادھر ادھر دیکھا ہے۔ سرگوشیاں بڑھ رہی ہیں، مگر یہ اس کی آواز کے جواب میں کون سرگوشیاں کر رہا ہے۔ تھرمامیٹر اس کے ہاتھ سے چھوٹ کر فرش پر گر پڑا ہے۔

نحن اقرب الیہ من حبل الورید۔۔۔

"ہم تو اس کی رگ گلو سے بھی نزدیک ہیں۔۔۔ اور بیٹا، اللہ تو یہ کہتا ہے کہ میرا بندہ جب بھی مجھے تڑپ کر آواز دیتا ہے، تو مَیں اسی وقت اس کو جواب دیتا ہوں۔ وہ تو ماں سے بھی زیادہ مہربان ہے۔۔۔" اور اب یہ کس کی آواز ہے۔ وہ اور بھی سراسیمہ ہو گئی تھی۔ یہ تو اس کی اپنی ماں کی آواز تھی جو کتنے ہی سال ہوئے فضا میں تحلیل ہو کر فنا ہو چکی تھی۔ خدایا! یہ سب کیا ہے، کہیں میں پاگل تو نہیں ہو رہی ہوں۔ اس نے چکرا کر اس کے پلنگ کا کٹھرا پکڑ لیا۔

"مم۔۔۔ مم ڈارلنگ۔" وہ پھر بے قراری سے چلایا ہے۔

"ہاں میرے لال۔"

اور بالآخر اس کو جوابی سرگوشی کا کھوج مل گیا اور یہ کتنی معمولی سی بات تھی۔

خدا، بندہ، ماں، ماتا، مم اور وہ خود ہی مل کر تو ایک اکائی بنے ناں۔۔۔

چناں چہ وہ بے قراری سے اس پر جھک گئی۔ اس نے اپنی نرم نرم انگلیوں میں ان

موٹے موٹے اُجلے قطروں کو جذب کرنے کی کوشش کی ہے۔

"ماتا۔۔۔ مم۔۔۔" وہ ایک چھوٹے بچے کی طرح سسکا ہے۔

ہاں میرے لال۔۔۔ ایک لفظ بولے بغیر اس نے خود اپنی آواز سنی ہے اور اس کو یوں محسوس ہوا ہے جیسے اس کی پلکوں کے اس طرف برکھا سی ہوئی ہو۔

"میں کرمایوگی نہیں بن سکا اور وہی تو سنیاس کا درجہ پاتا۔۔۔ میں سانکھیایوگی۔۔۔ اوہ! ہائے مم۔۔۔ میں اٹھ کر بیٹھنا چاہتا ہوں۔۔۔ میں اٹھ کر بیٹھوں گا۔" اس نے بے بسی سے اس کی طرف دیکھ کر التجا کی ہے۔

ان آنکھوں میں کتنی بے ہوشی، بے خودی اور اپنی حالت سے لاعلمی ہے۔ کسی محاذ پر سے آتی ہوئی توپوں کی دھس دھس کی آواز سے قدموں تلے کی زمین لرزتی معلوم ہوتی ہے۔

لیکن بالآخر ہمیں اور ہر کسی کو اپنی ڈیوٹی پوری کرنی ہی پڑتی ہے کہ عمل، علم اور سوچ سے بہر طور افضل ہے۔

تیسرے پہر جب وہ راؤنڈ پر آئی، تو وہ صبح کے مقابلے میں پرسکون تھا اور تیسرا قیدی بہت شور مچارہا تھا۔ لیکن وہ پُرسکون ہونے کے باوجود بھی غفلت میں تھا اور ابھی اس نے کوئی گڑبڑ کیے بغیر تھرمامیٹر منہ میں لے لیا تھا اور جب اس نے ٹمپریچر دیکھنے کے لیے اسے آنکھوں کے سامنے کیا، تو وہ پھر سے اپنی زیرِلب گفتگو کا سلسلہ جوڑ چکا تھا۔

You know Mum, Karma Yogi is the Yoga of action, and .is superior to knowledge

اس نے خاموشی سے دوا کا آؤنس اس کے منہ میں انڈیل دیا۔

"اونہہ! کیا بدتمیزی ہے۔" وہ جھلا گیا۔

"You know I never drink"۔ تم کیا جانو، میں نے میا سے وعدہ کیا ہوا ہے۔" پھر وہ اونچی آواز میں بولا، "مم اور ہے اور میا اور۔۔۔"

"میا، یہ میا کون ہے۔" اس نے تھرمامیٹر کو جھٹکا اور سپرٹ سے بھیگی ہوئی رُوئی میں کھونس دیا۔

"سو جاؤ۔" اس نے اس کی موٹی موٹی سرخ آنکھوں کی طرف اشارہ کیا۔ "آنکھیں بند کرلو!"

"آنکھیں بند کر لوں! آنکھیں بند کر لوں!" وہ غنودگی کے عالم میں دھیرے دھیرے بڑبڑایا، "مگر یہ کیسے ہو سکتا ہے۔"

اب تو اس کی آواز بتدریج بلند ہو رہی تھی۔ "اب میرا ہنٹر ٹھیک لاہور کی فضا پر پرواز کر رہا ہے۔ ہاں میں نقشے میں صاف دیکھ رہا ہوں۔ میرے ایک طرف نیلا آکاش ہے اور دوسری طرف دھرتی۔۔۔ اور اب میں بمباری کے لیے بالکل تیار ہوں، مگر مشکل تو یہ آن پڑی ہے کہ میں کچھ سوچ رہا ہوں۔۔۔ میں کچھ نہیں کر پا رہا ہوں۔۔۔ میں سوچ رہا ہوں۔۔۔ میں جانتا ہوں کہ حرکت اور عمل، سوچ سے افضل ہے، پھر بھی میں سوچ رہا ہوں اور اس جیٹ نے مجھے آلیا ہے۔۔۔ خیر دیکھا جائے گا، مگر میں ائیر یفنگ کیوں نہیں شروع کر دیتا۔" وہ زور سے چیخا ہے، "مجھے ایئریفنگ کرنا چاہیے۔"

پھر اس کی آواز میں سراسیمگی آگئی۔

"اب میرے ہنٹر کا دایاں بازو جل رہا ہے۔"

"میا جی، اب بھی بتا دو نا۔۔۔ تم کدھر ہو۔۔۔" اس کی آواز میں بڑی بے کسی تھی اور پھر اس نے اس کی نبض ٹٹولتی ہوئی انگلیوں کو جھٹکا دیا۔

چھوڑو یار، کیا مذاق ہے۔

یہاں اس سی ایم ایچ میں کتنی افراتفری اور کتنا ہنگامہ ہے۔ کتنی مستعدی اور تاسف ہے۔ کتنی آہیں اور کرب ہے۔

محاذ پر دغتی ہوئی توپوں کی مسلسل آوازیں چلی آرہی ہیں۔ ان سے کہہ دو، اب ساری گنجائشیں ختم ہو چکی ہیں۔

میں یہاں ہوں، لیکن یہاں اور وہاں میں کیا فرق ہے۔ یہی ہذیان، یہی غفلتیں اور کرب۔ یہی ڈاکٹروں کی خاموش بے حس مستعدی اور نرسوں کی سرد سرد شفقتیں، دل جوئی اور بے شمار آوازیں۔

"اچھا، اچھا، یہ سورہا ہے۔ ہی از سوینگ اینڈ ہینڈ سم۔ اچھا یہ سپائنل کورڈ کا کیس ہے۔"

"پھر کیا اپنی اصل حالت پر آسکے گا؟"

"کچھ کہا نہیں جاسکتا۔"

"پھر بھی اس کو پورا آرام اور توجہ ملنی چاہیے۔ پور بوائے۔ Poor Brave Boy"۔

تم کون تھے؟ تمہاری آواز میں اتنی نرمی اور ہمدردی کیوں تھی؟ مَیں تم کو دیکھنا چاہتا ہوں۔۔۔ کاش! مَیں آنے والوں کی آہٹ پر اپنی آنکھیں بند کر کے سوتا نہ بن جایا کروں۔ پھر یکایک ہی اس کو غصہ آگیا۔

"نہیں، مَیں بالکل ٹھیک کرتا ہوں جو آنکھیں بند کر لیتا ہوں، مَیں تمہاری شکلیں نہیں دیکھنا چاہتا۔ تم لوگوں کی آنکھوں میں نرمی کیوں ہوتی ہے، تمہاری آواز میں میرے لیے ہمدردی اور تاسف کیوں ہے اور تم لوگ مجھے خصوصی توجہ کیوں دے رہے ہو۔ کیا تمہارے کان بہرے ہو چکے ہیں۔ کیا تم ان دھس دھس کی آوازوں کو نہیں سن رہے ہو

جو محاذ کی طرف سے آ رہی ہیں۔ تم سب مل کر میرے ساتھ زیادتی کر رہے ہو۔ یہ دیکھو میری بانہہ میں Giving Set کی سُوئی کا نشان ہے جس کے ذریعے تم نے میرے اندر جوان اور توانا خون پہنچایا ہے۔ میری بانہہ اس خون کی آگ سے اب تک جل رہی ہے۔ یہ خون تمہارا تھا، تمہارے کسی جوان کا جس کے لیے میں اپنے ہنٹر میں بیٹھ کر ہلاکت اور موت لایا تھا۔

کیا تمہاری آنکھیں ان ٹرکوں کو نہیں دیکھتیں جن میں گاجر مولی کی طرح بھر بھر کر تمہارے زخمی اور شہید آ رہے ہیں۔

آؤ ناں۔ پھر تم میرے منہ پر آکر تھوکتے کیوں نہیں۔ تم مجھے سے یہ کیوں پوچھتے ہو، تمہیں کچھ چاہیے تو نہیں۔ آؤ میں بتاؤں مجھے تمہاری نفرتیں اور ملامتیں چاہئیں۔ آؤ مجھ سے نفرت کرو۔۔۔ اس لیے کہ مَیں کرمایوگی نہیں ہوں۔۔۔ اور سانکھیایوگی کا مرتبہ کرمایوگی سے کم ہے۔ آہ! مجھے سنیاس نہیں مل سکا۔

"اوہ بھئی۔ تم پھر چیخ رہے ہو۔ تم پھر ہذیان بک رہے ہو۔" اس کے قدم دروازے میں داخل ہوتے ہوتے رک گئے۔ "آخر تمہیں ہوش کب آئے گا۔"

بکتے بکتے وہ پرسکون ہو چلا تھا اور اب وہ سن بھی سکتا تھا۔ وہ ڈاکٹر سے کہہ رہی تھی، "سر، یہ کسی کسی وقت ہوش میں آجاتا ہے اور بالکل سکون سے لیٹا رہتا ہے۔ پھر اچانک ہی بکنے لگتا ہے۔ اتنی عجیب عجیب کہ۔۔۔"

بیڈ ریسٹ کے سہارے اونچا ہو کر مَیں اس سامنے والی کھڑکی سے باہر دیکھ سکتا ہوں اور اس کھڑکی کے اس طرف مجھے کتنی بہت سی جانی پہچانی چیزیں نظر آ رہی ہیں۔ نیلے آسمان کا وہ کونا۔۔۔ گل مہر اور املتاس کے درختوں کی پھننگیں اور سی ایم ایچ کی چاروں طرف پھیلی ہوئی عمارت کے کہیں کہیں سے ابھرتے ہوئے دریچے اور ستون اور

ان کے تلے بھوری مٹی والی زمین اور نیلے آکاش کے ساتھ ساتھ اڑتے ہوئے چیل کوے۔

اوہ گوش، ان میں سے ایک چیز بھی تو پرائی نہیں۔ مجھے ایسا شک پڑتا ہے جیسے آتی دفعہ یہ سب کا سب میں اپنے ہنٹر میں رکھ لایا تھا۔ میرے ہنٹر میں کوئی پائلٹ، نیوی گیٹر اور کوئی بم نہ تھا۔ بس یہ نیلا آسمان تھا، بھوری مٹّی والی زمین تھی اور فضا میں تیرتے چیل کوے۔

اس نے پرشوق انداز میں بہ مشکل گردن کو قدرے بڑھا کر نظر کھڑکی سے اور آگے دوڑانے کی کوشش کی اور اسے عمارت کے درودیوار اور میدان کے درختوں کے ادھر ادھر چلتے ہوئے انسانوں کے اوپری دھڑ نظر آئے۔ چلتے ہوئے انسانوں کو یوں چپ چاپ اور بے بس بیٹھ کر دیکھنا کتنا اچھا معلوم ہوتا ہے۔Really it is fun۔

اس کی آنکھیں چلتے ہوئے انسانوں کا تعاقب کرتے کرتے ہانپ سی گئیں، جیسے انہیں پسینہ سا آگیا ہو۔

ارے آج پھر ان سرخ سرخ ڈوروں والی موٹی موٹی آنکھوں میں آنسو تیر رہے ہیں۔ شکر ہے یہاں اس سائیڈ روم میں آکر اس کی بکواس تو بند ہوئی اور اب یہ کچھ Improve بھی تو کر رہا ہے اور وہاں وارڈ میں تو اس نے دوسرے مریضوں کا سکون اڑا رکھا تھا۔

آج اس کو پھر اس پر ترس آرہا تھا۔ "کیوں، کیسی طبیعت ہے؟"

"ٹھیک ہوں۔" اس نے بد دماغی سے سر ہلا دیا تھا۔

اسے اس کی خر دماغی پر کبھی کبھی حیرت ہونے لگتی تھی۔ کم بخت اتنا بھی نہیں سوچتا کہ میں ان کا قیدی ہوں، کوئی لاٹ صاحب تو نہیں ہوں۔۔۔ مگر خیر کھانا تو اس کو

کھلانا ہی پڑتا تھا۔ وہ تو کھا نہیں سکتا تھا۔

اور پہلے دن جب وہ کچھ کچھ ہشیار تھا، اپنے کھانے کو بغور دیکھ کر بگڑ گیا تھا۔

"یہ کیا ہے؟"

"کھانا ہے اور کیا ہے۔" وہ بھی اس کی بد دماغی پر چڑ گئی۔

"مگر یہ۔۔۔ یہ کھانا قیدی کا کھانا ہے؟ تم لوگ کہیں گھاس تو نہیں کھا گئے ہو۔۔۔"

پھر وہ ایک دم غرایا تھا، "یہ قیدیوں کا کھانا ہے! تم لوگ میر امذاق اڑا رہے ہو۔"

"یہ مریض کا کھانا ہے۔"

"مگر میں قیدی ہوں۔"

"تم پاگل ہو اور کچھ نہیں۔"

"پاگل تم ہو۔ یا پھر تم جنیوا رولز کی پابندی کر رہے ہو۔"

جہنم میں جائیں جنیوا رولز، یہ رولز، کاغذی قانون، بھلا پابندی کے لائق ہوتے ہیں؟ اس نے سوچا اور فقط اتنا کہا تھا، "یہ جنیوا رولز کی پابندی نہیں ہے۔"

"تو پھر کیا ہے؟"

"سر ہے تمہارا۔ میں تمہاری تیمار دار کی حیثیت سے تم کو حکم دے رہی ہوں کہ جو کچھ تم کو کھلاؤں، چپ چاپ کھالو، ورنہ۔۔۔"

"ورنہ۔۔۔ کیا؟"

"میں اپنی ڈیوٹی دوسرے وارڈ میں لگوا لوں گی۔ تم کو معلوم ہے کہ ہمارے اتنے زخمی۔۔۔" اس کی آواز گلوگیر ہو گئی تھی اور فیڈنگ کپ اس نے اٹھا لیا تھا۔

"قوم کے مرد مجاہد، تجھے کیا پیش کروں۔۔۔"

کسی کے ٹرانزسٹر کی بچھڑی ہوئی آواز اس کھڑکی سے ٹکرائی تھی۔

وہ خاموشی سے اس آواز کو سنتا رہا۔۔۔اور پھر اس نے سر جھکالیا۔ ہوا کی ایک اور لہر اس کی کھڑکی کے راستے اندر آئی۔

"میرے نغمے تمہارے لیے ہیں۔۔۔"

"اگر زحمت نہ ہو تو یہ کھڑکی بند کر دو۔"

"کیوں؟ کیابات ہے؟"

اس کی نرم نرم آنکھوں میں موٹے موٹے آنسو امڈ آئے۔

اور وہ سوچ رہی تھی، ان آنکھوں میں آنسو کس آسانی سے آجاتے ہیں اور وہ ان میں بھلے بھی لگتے اور بھلا یہ سپاہی یعنی دشمن کی آنکھیں ہیں۔

پھر دوبارہ جب وہ اس کی خبر لینے آئی تو وہ بڑے آرام سے سویا ہوا تھا۔ سوتے میں وہ ذرا بھی اڑیل ضدی اور الجھا ہوا نہیں معلوم ہو رہا تھا اور نہیں معلوم اس کو یہ کیا خبط تھا کہ اکثر سوتے سے جاگتا یا غفلت سے ہوشیار ہوتا تو سوال کرتا، مجھے کوئی پوچھتا ہوا تو نہیں آیا تھا؟ کوئی بوڑھی عورت مجھے ڈھونڈتی ہوئی تو نہیں آئی تھی؟

اور اس کو بھلا یہاں کون پوچھنے آسکتا تھا۔

"تم شاید بھول رہے ہو، قیدیوں کو ڈھونڈنے کوئی نہیں آیا کرتا ہے۔" ایک مرتبہ اس نے اس کو یاد دلایا تھا۔ پھر وہ بڑی دیر تک اس کے لیے کڑھتی رہی تھی، جو اپنے ہنٹر میں بیٹھ کر اس کے شہر پر آگ برسانے آیا تھا اور اب اپنے نچلے دھڑ کو خود سے حرکت بھی نہ دے سکتا تھا۔

اب محاذوں پر سے توپوں کی آوازیں آنا بند ہو چکی ہیں اور نہ ہی رات کے سناٹے میں خطرے کے سائرن بجنے کی آوازیں آتی ہیں۔ اکتوبر کی نرم نرم سی دوپہر سرکتے سرکتے شام کنارے آلگی ہے۔ اجالے ملگجے ہوتے جارہے ہیں اور شام کے دھندلکوں میں

چپ چاپ کھڑے درختوں کی آڑ سے شفق نمودار ہو رہی ہے۔۔۔ سرخیاں نیلی نیلی سیاہیوں میں ڈوبنے سے پہلے پوری طرح اُبھر رہی ہیں۔ میں بیڈ ریسٹ کے سہارے اونچا ہو کر کھڑکی کے باہر دیکھ رہا ہوں۔

باہر جہاں سڑکیں ہیں، دھول ہے، مکان اور ان کی کھڑکیاں ہیں، گلیاں اور بازار ہیں اور بازاروں میں چلتی ہوئی خلقت ہے، وہ سب لوگ ہیں جو اپنے نچلے اور اوپری دھڑوں کو یکساں طور پر حرکت دے سکتے ہیں۔ یہی وہ آبادی ہے جس پر ہلاکت اور موت کا تحفہ لے کر میں اپنے ہنٹر میں بیٹھ کر پوری تیاری اور پورے ساز و سامان کے ساتھ آیا تھا اور میرا ہنٹر بہترین حالت میں تھا۔ اس کا نیوی گیٹر فقط میرے بٹن دبانے کا منتظر تھا اور مَیں بغیر غلطی کیے ہوئے اپنی منزل پر پہنچ گیا تھا۔

پھر کیا بات ہو گئی کہ سب کچھ ہوا، مگر میں وہ نہ کر سکا جو مجھے کرنا تھا۔ اب یہ نومبر کا مہینہ ہے اور مجھے ان کی نگرانی میں پلنگ پر لیٹے دو مہینے ہو چکے ہیں اور اب نہیں معلوم کہ مَیں ان کا قیدی ہوں یا مریض۔

یہ دشمن کا علاقہ ہے اور اس کھڑکی سے باہر کا پورا منظر بھی اسی کا ہے، مگر مجھے یوں لگتا ہے جیسے یہ میرے ساتھ آیا ہو۔۔۔ دور سے نظر آتی چھتوں کی چمنیوں میں بل کھاتا دھواں ہر طرف پھیلتا جا رہا ہے اور اب مجھے نیند آ رہی ہے۔ اسی طرح کھڑکی کی طرف تکتے تکتے اس کی آنکھیں بند ہونے لگیں۔

"پتا بھی ہے تم کتنی دیر سوئے؟" آج اس کی آنکھوں میں پھر غفلت اور بے خودی تھی۔

"تم میری بات کا جواب دو۔ تم نے اس کو کیوں بھیج دیا۔ وہ آئی بھی اور واپس لوٹ گئی۔ وہ مجھ سے ملنے آئی تھی۔" وہ زور سے چیخا۔

"بیرو، تم پھر بہک رہے ہو۔" وہ تشویش سے اس کی طرف دیکھنے لگی۔

وہ دھیرے دھیرے بڑبڑایا، "وہ آئی تھی اور انہوں نے اس کو واپس بھیج دیا۔"

"کون آیا تھا۔ کوئی بھی تو نہیں آسکتا۔ بیرو سنگھ، تم سمجھتے کیوں نہیں۔۔۔ تم کو کیا ہو جاتا ہے بیٹھے بٹھائے۔"

"کون آتا!" وہ بگڑ گیا۔ "میا آئی تھی اور تم کو اتنا خیال نہیں آیا۔۔۔" اس کی آواز گھٹ گئی۔ "اور اب جو وہ پاس آگئی، تو اس کو بھیج دیا۔"

"میا! میا کون ہے، بیرو۔۔۔"

"میا کون ہے۔۔۔ میا کون ہے!" اس نے غنودگی میں دہرایا۔

"سنو بیرو سنگھ، تم اپنے آنسو پونچھ ڈالو۔"

وہ جلدی سے باہر نکل آئی۔ اب انسان ہر وقت تو اس موڈ میں نہیں ہوتا کہ اپنے دشمنوں کے آنسو اپنی نرم نرم انگلیوں میں جذب کرے۔۔۔ کجلائے ہوئے آسمان کی نیلگوں سیاہیوں پر پھیلی شفق کو تکتے تکتے اس کو محسوس ہوا کہ اس کی پلکیں بھیگ رہی ہیں۔

اس نے اندر نظر دوڑائی۔ وہ شاید سو رہا تھا۔ آنکھیں بند کیے اسی طرح بیڈ ریسٹ کے سہارے قدرے اونچا اٹھا ہوا۔

کھیلنے کو دے دوں میں تیر و کمان
سواری کو لے دوں میں دلدل سا گھوڑا
گھوڑے پر نکلے گا جب چھوٹا سا بیر
کوئی کہے آیا مغل یا پٹھان

"کنور صاحب کی رانی جی کی حالت بہت غیر ہے۔" جب ڈپٹی صاحب کے اردلی نے

آم کے تلے بچھی ہوئی بانس کی کھٹیا پر دراز ہوتے ہوئے کہا تھا تو اس کی بیوی نے اپنے سینے پر ہاتھ مار لیا۔

"ہائے میا! غضب، ارے ابھی تو اس کا جاپا ہوا تھا۔" اور پھر آموں کے بور کی میٹھی میٹھی مہک میں بسے کئی گہرے گہرے سانس لے ڈالے۔

"ہاں تو اور کیا۔ اندر سے باہر تک الٹ پلٹ ہو رہی ہے اور بچے کا تو کسی کو ہوش بھی نہیں۔ ان کی کہاری کہہ رہی تھی، ایک طرف کو پڑا ہے۔"

"ہے ہے ننھی سی جان، بھوکوں مر جائے گی۔" اس نے اپنی گود میں لیٹے عظمو کو باپ کے پاس پلنگ پر ڈالا اور نہر کے ساتھ والی پگڈنڈی پر ہوتی ہوئی سامنے بغیا میں جا گھسی۔ رات گئے جب رانی جی کو آکسیجن ٹینٹ میں لیٹا چھوڑ کر کنور بلیر سنگھ واپس آئے تو معلوم ہوا کہ بیرو کو پٹھانی لے گئی ہے۔

ڈپٹیائن نے ان کو اطمینان دلا دیا۔ "بھیا، تم بے فکر رہو۔ اس کا بچہ کاہے کو بھوکا رہے گا۔ اس موئی کا تو یہ ہے کہ پلاتی ہے، پلاتی ہے اور پھر دھاریاں بہتی ہیں۔ وہ اپنی خوشی سے لائی ہے اور یہیں ہمارے یہاں کمرے میں دونوں بچوں کو لیے لیٹی ہے۔"

اور کنور صاحب اتنے بے فکر ہوئے کہ پھر رانی جی گھر آ بھی گئیں، تو بھی بیرو، میا کی گود میں چڑھ کر آتا اور جو وہ ذرا کی ذرا ان کی گود میں دیتی، تو ہمک ہمک کر اسی طرف لوٹتا۔ پہلے ایک دو مہینے تو پٹھانی نے کوئی حساب کتاب یوں نہ کیا کہ رانی جی ہسپتال سے آئیں تو ان ہی سے بات ہو گی۔ وہ آئیں، تو وہ بکھر گئی کہ میرا اور بیرو کا معاملہ ہے، میں جانوں اور وہ جانے۔ بیرو بڑا ہوتا گیا، کنور صاحب کے نہ بچوں کی کمی پہلے تھی اور نہ اب، بیرو کے بعد تین اور ہو لیے تھے۔ البتہ میا کے تین بچے تلے اوپر جا کر ایک عظمو ہی بچا تھا اور یوں بیرو اور عظمو اور بھی میا کی جان بن کر رہ گئے تھے۔ رات گئے جب وہ اور عظمو

کہانی سنتے سنتے پٹھانی کے اہلو پہلو لیٹ کر سو جاتے تو کہاری بڑبڑ کرتی سوتے بیرو کو لے جاتی کہ اس کا وزن کنور صاحب کے ہر بچے سے زیادہ تھا۔

"اے واہ کلموہی، خبر دار ہے جو میرے والے کو ٹوکا، کلے چیر دوں گی۔ معلوم ہے شاہ جہاں پور کی بنروال پٹھانی ہوں۔"

اور دوسرے دن وہ بیرو پر سے لہسن پیاز کے چھلکے اور سرخ مرچیں اتار کر چولہے میں جھونک دیتی، تو خاں صاحب دھانس کے مارے کھانس کھانس کر دہرے ہو جاتے۔

"اری نیک بخت، کہاں کے ٹوٹکے ٹامنے کرتی رہتی ہے۔"

بیرو اتنا بے سرا اور ادھمی اٹھ رہا تھا کہ کتنی بار رانی جی اس پر جوتی لے کر پل پڑتیں۔ "بیرو ہتھیارے نہیں مانتا، چل جا دور ہو اپنی میا پاس۔"

ابھی وہ سات سال ہی کا ہوا تھا کہ اس کے لچھنوں سے ڈر کر کنور صاحب نے اس کو نینی تال بھجوا دیا اور جس دن وہ جانے کے لیے میا سے مل کر چلا تھا، تو میا روتی ہوئی دور تک اس کو چھوڑنے آئی تھی۔

پھر جب وہ چھٹیوں میں آتا، تو اس کی اور میا کی بن آتی۔ گڑ کی گجک، میٹھے سیو اور لیا رام دانے کی ہر وقت اس کی جیبوں میں ٹھسی رہتی اور وہ گلے میں میا کا ڈالا چاندی میں منڈھا تعویذ کرتے کے اوپر مٹکائے پھرتا رہتا۔ سال بہ سال عید بقر عید پر میا اس کا جوڑا لاتی اور محرم میں وہ باقاعدہ فقیر بنتا۔

"اے ہے نگوڑا، صورت سے بھی تو مسلمنٹا لگنے لگا ہے۔" اس کی پھوپھی نے کتنی بار چل کر کہا تھا۔ ویسے تو جو بھی رانی جی، میا کے ساتھ سلوک کر دیتیں، مگر وہ دودھ پلانے کا حساب کبھی بھی نہ چک پایا کہ میا اٹھلا اٹھلا کر بڑے غمزے سے کہتی، "کیوں یہ کیسی رہی میری ہنڈی۔" پھر وہ بیرو کو کلیجے سے لگا لیتی۔ "ذرا اس کو کمانے قابل ہو لینے دو۔ ذرا آ

لینے دواس کی بہو کو۔" پھر وہ بڑے مان اور تحکم سے پوچھتی، "تیری بہو آکر کس کے پیر پوجے گی۔ میرے یا تیری ممی کے۔"

تو وہ اٹھلا کر جواب دیتا، "میا کے۔"

پھر اس مرتبہ چھٹیوں میں اور حسب دستور ڈپٹی صاحب والی بغیا میں تو وہاں ڈپٹی صاحب تھے نہ میا تھی اور نہ عظمو اور خاں صاحب اور عظمو گدھا تو اس کی امانتوں لٹو اور چائے دانی کی ٹونٹی سمیت غائب تھا۔

جب ممی اس کے گھڑی گھڑی کے سوالوں سے تنگ آئیں، تو آخر انہوں نے اس کو جھڑکا، "چلی گئی تیری میا، اب نہیں آئے گی۔ بس کہہ جو دیا۔ سمجھتا کیوں نہیں پاکستان چلی گئی۔ چل میرا دماغ مت چاٹ۔"

مگر جونہی حالات ذرا ٹھیک ہوئے، میا کے خط کبھی کبھار آنے لگے۔

پھر جب اس کی بیماری کی خبر ملی، تو میا نے اس کی ممی کو سخت الفاظ میں لکھا تھا،

"تم نے اس کو محرم میں فقیر کیوں نہیں بنایا۔ میں نے تو اس کی منت اٹھائی تھی۔"

یوں تو ممی اس کی کوئی خاص پروا نہیں کرتی تھیں۔ شاید وہ اس کی لمبی بیماری سے اکتا گئی تھیں کہ انہوں نے اس کو لیٹے لیٹے ہرا کرتا اور کلاوہ پہنا دیا تھا۔

پھر یوں بھی ہوا کہ میا ویزا پر آنے جانے لگی۔ پر اس کا ویزا شاہ جہان پور کا ہوتا تھا۔ وہاں تو بس اپنی نند سے ملنے کے بہانے دو چار دن کو آتی۔ بیرو سے اس کی ملاقات کم ہی ہوتی۔ وہ کبھی کالج میں ہوتا اور پھر ائیر فورس کی ٹریننگ پر۔ البتہ میا کے لائے تحفے اس کو مل جاتے، وہی اونگی بونگی سی چیزیں، چنے کی دال کا حلوہ، سونف والی روٹی، باجرے کی ٹکیاں اور کھسے۔

اس مرتبہ وہ آئی، تو وہ اس سے ملا تھا۔ وہ ان دنوں چھٹی پر آیا ہوا تھا۔ ائیر فورس کی

وردی میں اسے دیکھ کر پھولی نہ سما رہی تھی۔ اس نے اس کی چٹ چٹ بلائیں لی تھیں اور اٹھ کر اس کی پیشانی چوم لی تھی۔

"میا، عظمو کہاں ہے؟"

"اے بھیا، کراچی میں رکشا چلاوے ہے۔ بڑا خوش حال ہے۔ دو لونڈے ہیں، لونڈیا گود میں ہے۔" میا نے قناعت اور طمانیت سے کہا۔

"میا تم کراچی نہیں رہتیں؟"

"نہ بھیا میرا جی گھبراوے ہے۔ بس چندا مجھے تو اپنا لاہور بھاوے ہے۔ میں تو جس دنا سے گئی، وہیں رہی۔" پھر وہ چمک کر بولی، "بیرو، تو کدی آناں لاہور، گنے کا رس پلاؤں گی۔ سچ یونیورسٹی کے کول بڑا بد بھیا رس ملتا ہے۔"

"میا اب پنجابن ہو چلی۔" وہ ہنسا۔

وہ بھی ہنسی۔ "رانی جی اب کر دونا اس کا بیاہ۔ اب کے سے آؤں، تو بہو میری پاؤں پچی کرے۔"

"بس میا بہت رہ لی لاہور، اب آجا ادھر ہی۔"

"نہ میاں میں پاٹ فوس پہ آئی ہوں۔"

"چل لا ادھر اپنا پاٹ فوس، میں پھاڑ دیتا ہوں۔"

جو تیری حکومت نے مجھے پکڑا تب؟"

"تب کہہ دوں گا، میری میا ہے مَیں نہیں جانے دیتا۔"

"ارے تو جگ جگ جیے، تو آنا میری بہو کو لے کر لاہور۔ بیرو تو تو ہوائی جہازوں کا افسر ہے۔ اپنے جہاز میں بیٹھ کر آنا۔"

"چل ہٹ تیرے لاہور میں کیا رکھا ہے، سڑا ہوا تو تیرا لاہور ہے، نہ بھئی۔"

"بیرو دیکھ میری تیری لڑائی ہوگی۔ تو میرے لاہور کو کچھ نہ کہیو، تو کیا جانے اس مٹی پہ تو ہم نے سجدے کیے ہیں۔ اس مٹی میں تو ہماری مٹی مل کر سوارت ہو جائے گی۔"

میا کی آنکھوں میں موٹے موٹے آنسو تھے۔

بیرو کا دل کٹ کے رہ گیا۔

"میا۔"

"ہاں چندا۔" اس کی آواز اب تک گلوگیر تھی۔

"مجھے اپنے گلاس میں پانی پلائے گی؟"

"پھر کان لا ادھر، ایک بات بتا؟"

میا نے پھس پھس کرکے اس سے کچھ پوچھا تھا۔

اور ممی اس راز و نیاز پر پیٹ ہلا ہلا کر ہنس رہی تھی۔

"تیری قسم، میں نے کبھی نہیں، وعدہ جو ہے تیرا میرا، پھر تو مجھے دودھ جو نہیں بخشے گی۔"

جس صبح میا کو واپس جانا تھا، اس رات وہ اس کے سر میں تیل دبانے بیٹھی تو بیرو نے بڑے مان سے فرمائش کی، "میا وہ لوری سنا دو ایک بار۔"

"کیا ننھا بچہ ہے جو لوری سن کر سوئے گا۔ اب تو تیرے بیٹے کو سناؤں گی۔"

"تو میری میا نہیں ہے۔۔۔ سچ میا اتنا دل چاہتا ہے۔"

"ارے اب کہاں ہے گلے میں آواز۔"

دھیرے دھیرے بند ہوتی آنکھیں کھول کر اس نے اس بوڑھے اور جھریائے چہرے اور اس کے کانوں میں ہلتی چاندی کی بالیوں کو دیکھا تھا۔

گھوڑے پہ نکلے گا جب چھوٹا سا بیر

کوئی کہے آیا مغل یا پٹھان

اور یہی تو وہ آواز تھی جو اس کے ہنٹر میں ہر طرف چلی آ رہی تھی۔ اس کا ہنٹر اڑن گھوڑا ہی تو تھا جو میا کے لاہور پر منڈ لا رہا تھا۔ اس کو بار بار وہم سا ہو رہا تھا، جیسے میا اسے آواز دے رہی ہو،

بیرو میں نے تیرے لیے یونیورسٹی کے کول سے گنے کا رس لا کر رکھا ہے۔

اس کے جھریائے ہوئے چہرے پر چاندی کی بالیاں جھول رہی تھیں۔

گھوڑے پر نکلے گا جب چھوٹا سا بیر

چھوٹا سا بیر۔۔۔ چھوٹا سا بیر۔۔۔

اب میرے جہاز کا پر جل رہا ہے اور میں وہ نہیں کر پا رہا ہوں جو مجھے کرنا ہے۔

یہ مجھے کیا ہوا ہے جو اس کی مخصوص دواؤں کی ٹرے لے کر اس سائیڈ روم کی طرف چلی آتی ہوں۔ مَیں کیوں بھول جاتی ہوں کہ اب یہاں وہ لال ڈوروں والی موٹی موٹی آنکھیں موجود نہیں ہیں۔ اب کوئی اس کھڑکی کے باہر چلتے پھرتے انسانوں کو شک کی نظر سے نہیں دیکھتا۔ اب یہاں کوئی ہذیانی بڑ نہیں سنائی دیتی۔

بیرو سنگھ، تم نے کتنا شور مچا رکھا تھا۔

پر یہ ہوا کیا، تم اچھے بھلے ہو چلے تھے۔ پھر ایک دن اور ایک رات مسلسل بولتے رہنے کے بعد تم نے چپ سادھ لی۔ چلو یہ بھی اچھا ہوا۔۔۔ اب تو یہ اقرار کر لینے میں کوئی حرج نہیں کہ میں اس چھوٹے سے سائیڈ روم کو خالی پا کر چونک پڑتی ہوں، تب مجھے اس مڑے تڑے کاغذ کی یاد آتی ہے جو تمہارے تکیے کے نیچے سے نکلا تھا جس پر تم نے سرخ پنسل سے شکستہ تحریر میں لکھ رکھا تھا،

عمل، سوچ اور دانائی سے بہر طور افضل ہے اور اسی کا نام کرما یوگ ہے کہ یہ یگ مہا

آنند کی اور جاتی ہے۔

یہ بات سری بھگوان نے بھی کہی تھی اور اسی بات کو دوسرے لفظوں میں ایئر فورس میں بھی بار بار جتایا گیا تھا اور یہ سب مَیں خوب جانتا تھا اور جانتا ہوں۔ مجھے معلوم ہے کہ میرے دیس اور پرلوک دونوں ہی جگہ سوال کیا جائے گا کہ مَیں نے وہ کیوں نہ کیا جو مجھے کرنا تھا۔

پر یہ میں کسی کو کیسے سمجھاؤں، میں کرنا تو وہی چاہتا تھا جو مجھے کرنا تھا اور میں اپنے ہنٹر میں سوار ہو کر اس شہر میں وہی کرنے آیا تھا جو مجھے کرنا چاہیے تھا۔ پر کون یقین کرے گا کہ یہ شہر تو میا کا شہر تھا جس کی مٹّی کو سوارت ہونا تھا۔۔۔ اور پھر یہ بھی تو نہیں پتا چلتا تھا کہ میّا نے اپنی جھگی کہاں ڈال رکھی ہے اور جو مجھے نقشہ دیتے وقت اور سارے نشانوں کے ساتھ یہ نشان بھی دکھا دیتے تو۔۔۔ خیر مگر اب کیا ہو سکتا ہے، دھیان نے کرما پر فتح پائی۔ میں نے عمل پر سوچ کو ترجیح دی اور مَیں سانکھیا یوگی ہوا۔۔۔ اور میں یہ تو نہیں کہوں گا کہ سری بھگوان کی بات غلط ہے، لیکن مجھے یوں معلوم ہوتا ہے جیسے مَیں نے مہا آنند کو پالیا ہے۔

اور سانکھیا یوگی، ہم تمہاری راکھ ایک برتن میں محفوظ کر چکے ہیں جو وقت آنے پر بحفاظت تمہارے وطن پہنچا دی جائے گی، مگر شاید یہ تم کو کبھی نہ معلوم ہو سکے گا کہ تمہارے ہاتھ کا وہ نوشتہ ہمیشہ ہمیشہ میرے پاس محفوظ رہے گا۔

***

تارِ عنکبوت

کتنے ہی عرصہ سے ایک خواہش اس کے اندر بڑی شدت سے سر اٹھارہی تھی۔ عجیب سی خواہش جو رفتہ رفتہ ارمان بنتی جارہی تھی۔

اس گھر کے کسی کونے میں چھت اور دیوار کے کسی جوڑ میں مکڑی کا ایک جال لگا نظر آجائے۔ خاکستری سادھوانسا، دھوانسا ساجالا جو کتنے ہی دن تک ایک مقام پر لگا بڑھتا جائے، بڑھتا جائے۔ پھر ایک دن وہ ایک لمبا سا بانس لے کر اس کے سر پر بہت سا گودڑ باندھ کر جالے لپیٹتا پھرے، شور مچاتا ہوا۔ دیکھو تو کتنی مکڑیاں ہوگئی ہیں۔ جالے لٹکنے لگے ہیں۔۔۔ بالکل اسی انداز میں جیسے مہینے دو مہینے بعد اماں جان گھر کے ملازم چھو کرے کے ہاتھ میں گودڑ بندھا بانس تھما کر شور مچاتی پھرتی تھیں۔ ارے یہ۔۔۔ یہ دیکھو بھئی ادھر یہ۔۔۔ دیکھو!

ہر نئے جالے کو دیکھ کر نئے سرے سے مکڑیوں پر ناراض ہونے لگتیں۔ ان کی شکایتیں کرنے لگتی تھیں بغیر کسی کو مخاطب کیے، "دیکھو تو! کتنے جالے لگا لیتی ہیں یہ کم بخت مکڑیاں۔"

اور یہ بھی عجیب بات تھی کہ ان کا یہ پروگرام ہمیشہ چھٹی کے روز شروع ہوتا۔ جمعہ کا دن کیا طلوع ہوتا کہ ہفتہ صفائی شروع ہوجاتا۔ دراصل ریٹائر ہوجانے کے بعد بھی اماں جان کو سارے کام اور ساری صفائیاں جمعہ ہی کے دن نبٹانے کی عادت پڑی ہوئی تھی پھر

وہ آکر اس کے کمرے میں کھڑی ہو جاتیں۔

"بس آج چھٹی کا دن بستر ہی میں گزار و گے؟ پوستی نہیں تو۔ چلو نکلو یہاں سے، د یکھو تو کمرے میں کتنے جالے لٹک آئے ہیں۔ تم تو ہوش ہی نہیں لیتے۔"

"اماں جان ان غریبوں کو کہیں تو چین لینے دیا کرو۔" ہاتھ میں توتھ برش پکڑے پکڑے وہ ان کے گلے سے چمٹ جاتا۔

"اچھا! چین لینے دیا کروں، انہیں؟ گھر جالوں سے بھر والوں۔۔۔ نفرت ہے مجھے ان بھوسلی۔۔۔ بھوسلی۔۔۔ نکمی مکڑیوں سے۔ نہ جانے اللہ میاں نے یہ مخلوق کس مقصد سے بنائی ہے۔"

کندھے پر تولیہ ڈالے غسل خانے میں جاتے جاتے وہ بھی ان کی تخلیق کے مقصد کے بارے میں مشکوک ہوا اور سوچنے لگا۔ ایویں ای فضول، اللہ میاں نے بندوں پر رعب ڈالا ہوا ہے کہ ہم نے تو کوئی چیز بے مقصد بنائی ہی نہیں۔۔۔ اور اب دیکھو ایک چیز تو ہم نے پکڑ ہی لی، 'مکڑی۔' وہ فاتحانہ غسل خانہ کی دیواروں کے جوڑ میں لگے ننھے سے گول گول خاکستری جالے کو دیکھ کر مسکراتا اور اوپر کو دیکھتا رہا تھا۔

پھر ایک دن ککو نے عجیب بات کہہ دی۔ جمعے کا روز تھا۔ اماں حسبِ عادت شکورے کے ہاتھ میں بانس تھمائے جالے لیتی پھر رہی تھیں۔ ان کا کہنا تھا میرے قلب پر جالے پڑنے لگتے ہیں، مکڑی کے ان جالوں کو دیکھ کر۔ بھئی ہے یہ کہ خدا کا کوئی کام حکمت سے خالی نہیں لیکن یہ مکڑی والی حکمت اور فائدہ ہماری سمجھ میں تو آیا نہیں۔ برآمدے کے کونے والے تخت پر ککو اپنا مکینو سیٹ سنبھالے بیٹھا اوور پل بنا رہا تھا۔ ایک اسکر و کستے کستے اس کا ہاتھ رک گیا، "امی جان ہے کیوں نہیں، بہت بڑا مقصد ہے۔"

تیرہ سالہ ککو کو انیمل ورلڈ (ANIMAL WORLD) سے بڑی دلچسپی تھی۔

سب ہی سمجھ رہے تھے کہ وہ تھیلے میں سے ایسی ہی کوئی بلی نکالے گا، مگر وہ گمبھیر آواز میں پختگی سے کہنے لگا، "ہو سکتا ہو کہ مکڑی کا مقصد یہ ہو کہ جب کسی خدا کے بندے پر اس کی زمین تنگ ہو جائے اور اسے وہاں رہنے نہ دیا جائے اور وہ کسی غار میں جا کر چھپنے کی کوشش کرے اور نکالنے والے وہاں بھی اس کا پیچھا کریں تو اس وقت مکڑی جالا تن کر غار کا منہ بند کر دے اور کبوتر جالے میں انڈے دے دیں اور پیچھا کرنے والے یہ سوچ کر واپس چلے جائیں کہ۔۔۔"

اماں جانی کا ہاتھ بھی رک گیا اور زبان بھی۔ انہوں نے جلدی سے دوپٹہ سر پر لے لیا، "صلی اللہ علیک یارسول اللہ۔"

تخت کے کونے پر وہ ٹک گئیں اور بغور ککو کو دیکھنے لگیں۔ گویا کہتی ہوں، "یہ جنریشن ہم سے کہیں آگے ہے۔" اس وقت ان کو اپنی ساری ڈگریاں اور ملازمت کا تیس سالہ تجربہ سب اتنا محدود اور بے معنی نظر آ رہا تھا۔

یہ اور ایسی کتنی ہی باتیں میرے ذہن کے پردوں پر ابھری ہیں۔ یادوں کے آنگن میں چراغاں سا کر دیتی ہیں (مگر میرے گھر میں تو کوئی آنگن ہی نہیں اور یہ آنگن اور کڑوے تیل سے لبریز مٹی کے چراغ یہ سب باتیں تو اب خواب و خیال ہیں) اور پھر سنتھیا تو میرے خیالوں اور خوابوں میں بھی شرکت نہیں کر سکتی۔ اس نے تو وہ گھر دیکھا بھی نہیں جہاں جمعے کے جمعے اماں جان صفائی کی مہم کا آغاز کرتی تھیں۔ وہ تو ان سے ملی بھی نہ تھی۔ نہ اس کے دل میں میرے لوگوں سے ملنے کی کوئی خواہش اور تمنا تھی۔ بس اس کی مصروفیتیں ہی اس نوعیت کی ہیں کہ ہزار بار ترغیب دینے پر بھی وہ پاکستان کے سفر پر آمادہ نہ ہو سکی۔ سلمیٰ باجی کی شادی پر بھی میں اکیلا ہی گیا۔ (بارہ برس میں میں نے کل دو سفر پاکستان کے کیے) وہ دوسرا سفر ابا میاں کی برسی تھی۔

دونوں بچوں کی ولادت نے سنتھیا کو مجھ سے، اپنے آپ سے اور بچوں سے اتنا بیزار کر دیا تھا کہ میں کسی سفر و فر کی تجویز ترغیب کے قابل ہی نہ رہا۔ سنتھیا کا خیال تھا کہ سنجیدہ (ماں اسے ہمیشہ ایلین کہتی ہے) اور نورٹن (میں نے اس کا باقاعدہ عقیقہ USA میں کر کے عروج نام رکھا تھا) دونوں اس کی حماقت اور کمزوریوں کا نتیجہ ہیں۔ اور یہ کہ میں نے اور بچوں نے مل کر باقاعدہ ایک سازش کے تحت اس کے کیرئر میں رخنہ ڈالا اور ہمارے یہاں تو باوفا اور بااصول شوہر اپنا آپریشن کروالیتے ہیں اور نس بندی کے ٹیکے لگواتے ہیں اور ایک میں تھا حیوانوں کی سی جبلت والا انسان (جب ہی تو تم لوگ ہر وقت پیالے لیے کھڑے رہتے ہو، ہمیں یہ دو ہمیں وہ دو۔ ایٹمی پلانٹ چل کر نہیں دے رہا ہے وغیرہ وغیرہ) اور میں اس کی تقریر کے دوران اپنے ایرانی دوست مجتبائی کو یاد کرتا رہا جس کی حسین و جمیل چپ رہنے والی بیوی میکے جانے کے بہانے اسٹیٹس گئی اور اس کی پانچ سالہ ناقابل یقین حد تک حسین بیٹی منیژہ کو بھی لے بھاگی اور ننھے اسفندیار کو وہ اپنے بازوؤں میں اٹھائے پان امریکن کے جمبو جیٹ میں بیٹھا بمشکل سنبھال رہا تھا کہ ایئر ہوسٹس کو اس پر ترس آگیا اور بچہ اس نے اپنے بازوؤں میں سمیٹ لیا اور اس وقت تک سنبھالے رہی کہ جب تک کہ طہران کی طیران گاہ پر اس کی دادی نے اس کی گود سے اپنے بازوؤں میں نہ سنبھال لیا (اور مجتبائی بھی اب ایک بھولی ہوئی کہانی ہے اور ایران کے گلی کوچوں میں بہت خون بہہ گیا ہے۔)

اور یہاں پر آکر اس نے سوچا ہم سب ہی بھولی بسری کہانیاں ہیں۔ کل من علیھا فان۔ و یبقیٰ وجہ ربک ذوالجلال والاکرام۔ اچھا پھر رہو اکیلے۔ ہمارا کیا ہے۔ ہم تو کل خوابِ عدم میں ہوں گے۔ تم اپنی کہو کہ نہ تم کو نیند آتی ہے اور نہ خیر خبر۔ تمہارے لیے تو ارض و سما ہیں، عرش و کرسی ہیں اور کن فیکون ہے۔ تو آؤ اے اہل دل اور انصاف کرو کہ اس

کے بعد میں جو کچھ کرتا رہا وہ کیا غلط تھا؟

(یعنی بات اصل میں یہ تھی کہ کیا میں بچوں کے جھمیلے میں پڑ جاتی اور ایشیائی احمق عورتوں کی طرح اپنی ریسرچ مکمل نہ کرتی۔ جی ہاں میں سنتھیا احمد۔ ظاہر ہے پاکستانی لوگوں کو احمد اور محمد اور حسین اور علی جیسے نام رکھنے کا کریز ہے اور میں کر بھی کیا سکتی ہوں اپنے آپ کو سنتھیا آمڈ کہنے کے علاوہ۔)

دُر فٹے منہ، دادی جان اگر مجھے گھر داری کرتے اور بچوں کی پرداخت کرتے اور اپنی ملازمت کے علاوہ وہ خوش دامن کی ریٹائرمنٹ اور پھر ان کے اولڈ ہاؤس میں داخلے کے مسائل سے نبٹتے دیکھ لیتیں تو ان کے منہ سے خودکار طریقے پر یہی نکلنا تھا۔ جی! میری دادی خاص الخاص چکوال ضلع جہلم کی تھیں۔ اور میری ماں کو میرے والد صاحب میجر شاہباز سنبھل مراد باد سے بیاہ کر لائے (جی ہاں دوسری جنگ عظیم کے طفیل ایسے پیوند کئی لگے) اور میرے نانکوں کا خیال تھا کہ یہ اجتماعِ ضدین ہے اور یہ نبھنے والی بات نہیں ہے، یہ کہ جب ساس لمبا سا کرتا لاچے پر پہن کر کمر پر ہاتھ رکھ کر اس کے منہ پر ہاتھ نچا نچا کر طعنے دے گی تو صاحبزادی کا دماغ چاق ہو جائے گا اور چند مہینوں کی بات ہے کہ واپسی کا ٹکٹ لے کر واپس گھٹنے سے آ لگیں گی (نانی اماں کے رونے پیٹنے پر نانا جان کہ ان کے آموں کے بہت باغ تھے، اور بیٹی نہایت خود سر بوجہ پڑھنے علی گڑھ میں، ان الفاظ میں ان کو سمجھاتے رہے تھے) مگر ہوا یوں کہ وہ خودسر خاتون لاچا بندھی ساس سے ایسی شیر و شکر ہوئیں کہ فرصت کے اوقات میں وہ ایک دوسری کے سر میں تیل چسنے، جوئیں دیکھنے کے علاوہ اپنے اپنے خاندانی دکھڑوں سے بھی ایک دوسری کو آگاہ رکھتیں۔

تو میں سنتھیا احمد یہ کہہ رہی تھی کہ میں اپنے بچوں کی پرداخت سے یوں قاصر تھی کہ بدھ مذہب اور شنٹو کے ادیان کی جڑیں اور پھنچیاں تلاش کر رہی ہوں اور بچوں کا کیا

وہ تو پل ہی جاتے ہیں اور مر بھی سکتے ہیں۔ اور جینے کی حالت میں بگڑ بھی سکتے ہیں مگر یہ ڈیسی ٹیشن تو مجھے ابدیت بخشے گا۔ لازوال شہرت اور اس میں انسان دوستی کا زبردست پہلو بھی ہے۔ اور مجھے لازماً تین سال تو انڈیانا یونیورسٹی میں گزارنے ہیں اور پھر وہ آگے جو بھی فیصلہ کریں اور ممی کی ریٹائرمنٹ اور اولڈ ہاؤس جانے کا سوال اپنی جگہ پر اہم ہے۔۔۔

تاہم اس کی خوشدامن اس کے حال پر اس حد تک ضرور مہربان رہیں کہ موسمی تعطیلات میں آکر داماد کا ہاتھ بٹاتی رہیں۔ بڑی بی مزاجاً گھر دار اور رقیق القلب تھیں اور ان کی موجودگی میں بچوں سے زیادہ خود اس کو سنتھیا کی عدم موجودگی کا اتنا احساس نہ ہوتا لیکن یہ اور بات تھی کہ اب ان کی ریٹائرمنٹ اور اولڈ ہاؤس جانے کے دن تیزی سے قریب آرہے تھے اور ان کا انہماک اس قسم کے مسائل میں بڑھ رہا تھا۔

اس نے ان سے منتیں کیں کہ وہ اس کے پاس قیام کریں اور اولڈ ہاؤس میں جاکر نہ پڑیں۔ اور یہ جو ہم نے اتنا بڑا گھر خرید کر ڈال دیا ہے وہ کس کام آئے گا، اس میں رہنے بسنے والا کون ہے۔ اور سنتھیا۔۔۔ میں نے تو سنتھیا کو سمجھایا تھا کہ یہ مسلمان پاکستانی لڑکے کہ جن کو مذہب نے ایک سے زیادہ نکاح کا پروانہ دیا ہوا ہے (جی ہاں میں سنتھیا کی مم یعنی سابق مسز ہنری وولف آپ سے مخاطب ہوں۔ جی میرے خاوند اپنی سکریٹریز جلد جلد بدلتے تھے۔)

اور حقیقت یہ ہے کہ ان حسین و جمیل لڑکیوں کے مقابلے میں میں زیادہ ذہین اور سپاٹ سی خاتون ثابت ہو رہی تھی اور کام کی زیادتی کی وجہ سے خود کو کچھ اعصاب زدہ غائب دماغ ہی محسوس کرنے لگی بلکہ ہمارا یہ فیصلہ کہ اب ہم کو بچھڑ جانا چاہیے اور سنتھیا کو ہوسٹل میں بھیج دینا چاہیے۔ میرے حق میں زیادہ بہتر ثابت ہوا کہ اب کم از کم میں اپنی ملازمت سے تو انصاف کر سکتی ہوں۔۔۔ اور پھر جب میں ایک تحقیق کے سلسلہ میں

مشرقِ بعید اور پھر برصغیر کے علاقوں میں گئی تو مجھے یہ دیکھ کر بڑی کوفت ہوئی کہ وہاں کی نصف آبادی یعنی عورتوں کی تعداد کا بڑا حصہ چولھا، چکی، برتن بھانڈے سنبھالنے میں منہمک ہے اور جب دن ڈھل جاتا ہے تو وہ اپنے چھوٹے چھوٹے کچے صحنوں میں چھڑکاؤ کر کے بان کی چارپائیاں ڈالتی ہیں اور اپنے چھ چھ سات سات بچوں کے درمیان بطخوں کی طرح بیٹھ جاتی ہیں اور انہیں کہانیاں سناتی ہیں اور ساتھ ہی ایک عدد گود والے بچے کو اس کی فیڈ بھی دیتی ہوتی ہیں۔

بوتل سے نہیں بھئی۔۔۔ اور اس صورت حال پر میری آنکھوں سے آنسو نکل پڑتے تھے (جی میں عورت کی برتری اور وقار کی حامی ہوں اور مجھ سے عورت کا استحصال نہیں دیکھا جاتا، مگر میرا ایک ٹرانسکرائبر (TRANSCRIBER) عجیب ذلیل انسان تھا۔ اس کا نام سلطان تھا اور وہ بہت جلد ادھیڑ عمری کی منزل میں داخل ہونے والا تھا۔ وہ خاصا پڑھا لکھا تھا مگر کمینے قسم کا۔ تو چنانچہ وہ میرا تجزیہ یوں کرتا تھا۔ مسز ہنری یہ دراصل رشک و حسد کا جذبہ ہے جو بادی النظر میں عورت کی ہمدردی بن کر آپ کی آنکھوں میں ڈبڈباتا ہے۔ رشک و حسد ان کی بے فکری، فراغت اور ممتا کی فراوانی پر جو غربت، افلاس اور تنگی کے باوجود موجود ہے) بہر حال میرے داماد کی پیش کش میں خلوص ہے، مگر میرے اپنے مسائل ہیں اور سنتھیا بھی اس خیال کو پسند نہیں کرتی۔ اور اگر یہاں میرا ٹرانسکرائبر سلطان اپنی تمام تر کمینگی کے ساتھ موجود ہوتا تو یقیناً یہی کہتا کہ سنتھیا اپنے ہوسٹل میں جا کر پڑنے اور گھر کے ٹوٹنے کا انتقام اس طرح لے رہی ہے کہ اب وہ تم کو اولڈ ہاؤس میں بند کروا کر رہے گی، مگر خیر سلطان بھی اپنے چھ بچوں اور ساتویں بیوی کے درمیان ضعیف ہو چکا ہو گا اور اسی کچے آنگن میں بڑھیا کے ساتھ زندگی کے باقی دن گزارے گا۔۔۔ خیر مرضی ہے اپنی اپنی۔۔۔

سنتھیا کا خیال تھا یہ دو بچوں کی دو بیڑیاں ایک ہنگامی قسم کی ذہنی کیفیت کا نتیجہ تھیں (جی ہاں سنتھیا ان دنوں شدت سے مشرقی بیوی کا پارٹ ادا کرنے کی دھن میں تھی) اور اس طرح اس کے کیریئر میں رخنہ پڑا اور وہ اس سلسلے میں کچھ مجھ سے ناراض بھی تھی۔ اور اسی سلسلے میں عید پر اس نے بچوں کو اپنے پاس بلوالیا تھا اور میں عید کی نماز اکیلا ہی پڑھنے M.S.A کی مسجد میں گیا جہاں بے شمار پاکستانی، ترک، بھارتی، عرب، ملائی اور انڈونیشی لوگ اپنی اپنی بیگمات اور بچوں کے ساتھ عید منانے آئے مگر میں اور میرے جیسے کئی دوسرے دوگانہ عید ادا کر کے ایک ایک پیالی کافی حلق سے اتار کر اپنے اپنے گھروں میں جا پڑے تھے اور اس وقت میں بڑی شدت سے اپنے دوست آقائے مجتبائی کو یاد کر رہا تھا کہ اس نے منیژے کے بغیر عیدیں منائی ہوں گی۔ اس نے اور اسفندیار نے عید منائی ہو گی۔ بشر طیکہ۔۔۔ بشر طیکہ۔۔۔ ساواک کے حملے اور پھر انقلاب کی خون آشامی اور پھر عراق ایران جنگ کی پائیداری کے باوجود وہ بقیدِ حیات ہوں گے۔۔۔ اور اب منیژے کہاں ہو گی۔ شکر ہے کہ سنجیدہ اور عروج تصور کر سکتے ہیں کہ اس وقت ان کا باپ کہاں ہو گا۔ مگر منیژے POOR DARLING منیژے تیرا معصوم اور ہوشربا حسن آج بھی میری آنکھوں میں بسا ہے۔ منیژے۔۔۔ منی۔۔۔ ژے میرے دل نے پکارا ہے۔ ننھی دوست تو کہاں ہے؟ ارض و سما کے درمیان ایک صدا ابھری ہے بہت اونچی اور آشفتہ۔

منیژہ منم دختر افراسیاب

منیژہ منم۔۔۔ منیژہ منم۔۔۔

"اور ان کی مثال مکڑی کی سی ہے۔ وہ بھی ایک طرح کا گھر بناتی ہے اور کچھ شک نہیں کہ تمام گھروں سے کمزور مکڑی کا گھر ہے۔ کاش یہ اس بات کو جانتے۔ یہ جس چیز کو

خدا کے سوا پکارتے ہیں، خواہ وہ کچھ ہی ہو خدا اسے جانتا ہے۔ (سورۂ عنکبوت)"

آج جمعہ کی نماز میں یہ سورۃ پڑھتے پڑھتے پیش امام پھوٹ پھوٹ کر رو پڑا تھا۔۔۔ اور میں اس کی صورت تکنے لگا تھا، پھر میں چونک پڑا کہ میں تو اس کا مقتدی ہوں اور گھر میں مجھے سب ککو کہتے ہیں۔ میں گھر بھر میں لاڈلا بیٹا کہا جاتا تھا۔۔۔ آتی دفعہ میں نے گنا تھا گھر میں کل کتنے افراد رہ گئے تھے۔ صرف ایک امی جان، خانساماں اور شکورا۔ اور آتی دفعہ میرا کتنا جی چاہا تھا کہ بھائی جان سے ملاقات ہو جائے۔۔۔ مگر وہ تو امریکہ ایسا گئے اور سنتھیا کے ڈیسی ٹیشن نے اس کو اس چکر میں ڈال دیا ہے کہ اب شاید ان سے ملنے کے لیے وہیں جانا پڑے اور آپ دیکھ رہے ہیں میری حالت کہ میں حالتِ قیام و اقتدا میں کھڑا ہوں۔ اور پیش امام اس آیت پر آ کر رو پڑا ہے۔

کچھ شک نہیں کہ تمام گھروں سے کمزور مکڑی کا گھر ہے۔ کاش یہ اس بات کو جانتے اور خدا کی قسم مکڑی کے تمام کمزور گھر ٹوٹ رہے ہیں۔ اور ان گھروں کے نام مختلف ہیں۔ مذاکروں کے، قراردادوں کے، کنونشنوں اور افہام و تفہیم کے سارے گھر ایک کے بعد ایک ٹوٹ رہے ہیں۔ اور بس سب کچھ ٹوٹ جاتا ہے۔ حد یہ کہ انسان نام کا جو مکڑی کا گھر بنا وہ بھی ٹوٹا اور بکھرا۔ اس کی اَنا بھی ٹوٹی۔ فاعتبرو یا اولی الابصار۔ سارے گھر تمام ہوئے اور میرے سر پر فقط ایک تار عنکبوت لٹک رہا ہے خیال کے تسلسل کا۔

اور اب میرا خدا مجھ سے پوچھ سکتا ہے۔ بے شک ڈانٹ کر کہ تم جو بیروت میں میکنیکل انجینئرنگ پڑھانے پر مامور ہو کر آئے تھے۔ اب یہاں صابرہ کی مسجد میں کیسے کھڑے ہو۔ تو میں بھی ڈٹ کر جواب دوں گا کہ "حضّت آپ نے وہ مکڑیاں بنانا کیوں چھوڑ دیں جو غاروں کے منہ پر اس قدر مضبوط گھر بنا دیا کرتی تھیں کہ کبوتر اس میں انڈے دے جاتے تھے۔ اور اب یہاں بے حد و حساب مکڑیاں ہیں کہ جن کے گھر ٹوٹ گئے ہیں

اور وہ سرگرداں پھرتی ہیں اور سرحدوں کے ادھر حسرت کی نگاہوں سے اپنی متروکہ زمینوں کو دیکھتے ہیں کہ ان پر دوسروں کی فصلیں کھڑی ہیں اور وہ ہنس کر کہتے ہیں کہ یہ دور سے اپنی زمینوں کو تکنے والے لوگ یہ نہ اپنی زمینوں پر قدم رکھ سکیں گے اور نہ چاند پر جائیں گے (کیوں بھئی، اب میں آپ سے پوچھتا ہوں حضنت کہ اگر چاند پر جانا اتنا ہی ضروری تھا تو آپ نے اس میں آکسیجن وغیرہ کیوں نہ پیدا کی)

تو اب آپ سوچیں حضنت! سوچیں! اور انصاف کریں مکڑیوں کے گھر ٹوٹ چکے ہوں تو کیا بندے پر لازم ہے کہ وہ یونیورسٹی کی ایئر کنڈیشنڈ اور اسٹریم لائنڈ کلاسوں میں بیٹھا تھیوریاں پڑھاتا رہے اور شامیں خوشبودار قہوے کی خوشبوؤں سے معمور ریستورانوں میں بیٹھ کر خوش گپیوں میں مصروف گزارے اور لبنان اور بیروت کے حسن سے آنکھیں سینکتا رہے۔ تو اب میں یہاں صابرہ کی مسجد میں کھڑا ہوں (اور اب سوری سر! ایکسکیوز می پلیز! اب کام ختم ہو رہا ہے اور اب ہمیں رکوع کی حالت میں جانا ہے۔)

عید کے دن منہ اوندھائے پڑا دیکھ کر بڑی بی کا دل پسیجا تو تھا اور انہوں نے اس کی لاعلمی میں بڑا زبردست لنچ تیار کیا کہ عید کا کیک تک سجا دیا اور انہوں نے ہیپی عید کہہ کر اس کی پیشانی پر بوسہ تک دیا مگر وہ کیک کی قاش پلیٹ میں رکھے سوچتا رہا۔ اماں جانی شیر خورمہ اور سویوں کا زردہ کیسا نفیس بناتی تھیں (ایک اور تار عنکبوت) بڑی بی اس دن بڑی دیر چہکتی رہی تھیں اور ہنری وولف اور سنتھیا اور پپا کے ساتھ منائے ہوئے کرسمسوں کا ذکر کرتی گئیں (پھر وہی تار عنکبوت خاصا لمبا کھینچ رہا ہے اور تمام گھر مکڑی کے گھر کی طرح کمزور تھے خیر۔)

لوہا اس وقت خاصا گرم تھا۔ بڑی بی رقت کے موڈ میں تھیں کہ اس نے پیش کش کی کہ آپ اولڈ ہاؤس نہ جائیں موم۔ بچوں سے زیادہ میں مس کروں گا (جانتی ہوں جانتی

ہوں ڈیئر) دل میں افسوس کہ یہ لوگ جو الفت کے دھاگوں میں موتیوں کی طرح پروئے رکھتے ہیں اپنے آپ کو کبھی چاند پر نہ اتریں گے اور سلطان کی ذلالت اور اکھڑپن کی انتہا یہ تھی کہ نہایت اکھڑپن سے آئیڈیا ہی کو رَد کر دیتا۔ کیوں جی یہ ہماری دنیا میں کیا خرابی ہے جو چاند پر جائیں۔ کروڑوں روپے خرچتے ہیں تو دو بندے اترتے ہیں چاند پر اور ان نسلوں کی ننگ اور بھوک کا حساب کون دے گا جو وہاں جانے کے شوق میں ننگی اور بھوکی رکھی جائیں گی۔ پھر وہ یہ بھی کہتا تھا، تم جاؤ شوق سے سو بسم اللہ۔

خیر تو پیش کش پر پہلے تو آنکھیں چمچمانے لگی تھیں۔ چہرے پر عجب تذبذب تھا۔ پر فوراً ہی سنبھل گئیں۔ بار بار کہتی BUT SYNTHIA WONT LIKE THE IDEA دراصل اس میں اس کی ذلت تھی۔ لوگ مذاق اڑا سکتے تھے کہ بوڑھی ماں کو گھر بٹھار کھا ہے۔ ہم ANTIQUES تو جمع کر سکتے لیکن کہنہ اور فرسودہ ماں باپ! معاذ اللہ۔

بس ایسے ہی وسوسوں سے خوفزدہ ہو کر انکار کیے گئیں۔ اور دن وہ بھی چڑھا کہ بڑی بی سنجیدہ اور عروج کو اور اس کو تنہا چھوڑ کر اولڈ ہاؤس میں جاپڑیں۔۔۔ سنجیدہ نے آنسوؤں سے لبریز آنکھیں اٹھا کر سوال کیا تھا۔ وہ ہمیں کیوں چھوڑ گئیں۔ گرینی اولڈ ہاؤس کیوں چلی گئیں۔

بیٹے ان کو وہاں جانا تھا۔ جانا پڑتا ہے بوڑھے لوگوں کو۔

عروج جسے ماں نے ہمیشہ نورٹن کہا، سوچ میں پڑ گیا۔

ابو، ڈیڈ آپ بوڑھے ہو جائیں گے تو آپ کو بھی جانا پڑے گا۔

عروج کی اس بات نے مجھے سوچنے پر مجبور کر دیا۔ واقعی زندگی میں ایک روز ایسا بھی آسکتا ہے۔

مگر عروج کی بات کا جواب دینا ضروری تھا۔

ہاں بیٹا اگر مجھے یہاں رہنا پڑا تو پھر جانا ہی پڑے گا۔

"جانا پڑے گا! یہ کیا بات ہوئی مگر اب وہ ایسی ہی باتیں اکثر اپنے خطوں میں لکھنے لگا ہے۔ اب زندگی بڑے سکون سے چل رہی ہے تو وہ خطوں اور ٹیلی فونوں پر ایسی باتیں کر کے میری زندگی کو بے سکون کرنا چاہتا ہے۔ جی میں سنتھیا یعنی سنتھیا احمد اپنی چھب سے مطمئن ہوں۔ ٹھیک ہے میں اتنے عرصے میں صرف دو مرتبہ ایک ایک ماہ کے لیے جاتی رہی ہوں۔ اور کیا اس عجلت اور سرعت کی زندگی میں اتنی مہلت کم ہے کہ انسان اپنے لوگوں میں رہ سکے۔"

ٹھیک ہے سنتھیا تم اپنے ڈیسی ٹیشن کی تیاری اور تکمیل کے سلسلہ میں گھر کے منظر سے دو سال غائب رہیں۔ پھر شنٹو اور بدھ مت کی تہذیبی جڑوں کی تلاش میں تمہیں شرقِ بعید کا سفر کرنا پڑا، میں نے انتظار کیا۔ تم نے پھر دو سال برما، سری لنکا اور انڈونیشیا میں قیام کیا اور پھر اچانک ہی تمہارا خط بنگلہ دیش سے آ گیا کہ۔۔۔ وہ جگہ تمہیں بہت پسند آگئی۔ خوبصورت مرطوب جنگلات کا حسن اور ملیریا سے بھرے ہوئے ڈنکوں والے مچھر۔۔۔ اور وہاں کے لوگوں کے مزاج۔۔۔ اور میں یہاں۔۔۔ ایک عذاب میں گرفتار رہا ہوں کہ تمہاری ممی اب۔۔۔ ہلو۔۔۔ ہلو۔۔۔ آواز نہیں آرہی ہے۔ ہاں میں احمد بول رہا ہوں۔ اور اب دیکھو، تم نے آرام سے لکھ دیا کہ تم کو بالکل مخالف سمت میں کام ملا ہے اور تم نے دو سال کا کنٹریکٹ بھی کر لیا ہے مگر میں اس مکان کا، بچوں کی پڑھائی اور خود اپنی پسندیدہ ملازمت کا کیا کروں۔۔۔ میں سب ترک کر دوں تمہارے ساتھ۔۔۔ ہلو۔۔۔ ہلو تم سن رہی ہو۔۔۔ دو سال گزارنے کے لیے۔۔۔ ہلو۔۔۔ سنتھیا۔

اُف میرے خدا اس نے ٹیلیفون بند کر دیا ہے۔۔۔ اور یہ رابطہ جو کتنی مدت بعد قائم کیا تھا ایک تارِ عنکبوت ثابت ہوا۔ بات تو سنتی ہی نہیں، اپنی کہے جاتی ہے۔ چلو ٹھیک

ہے سوچتا تھا بچوں سے بات کرواؤں گا، مگر۔۔۔ خیر۔۔۔ خیر۔۔۔ اور خیر۔ پھر وہ گھر سے باہر نکل آیا اور اپنے مختصر سے باغ میں کھڑا ہوا اور اس پر چھائے ہوئے فلک ناہنجار کی جانب دیکھا کہ کبھی شمس اور کوکب و نجوم سے مزین جھملتا اور کبھی بادلوں سے بھر جاتا اور کبھی ایک شفاف ردائے نیلگوں کی صورت کمیونیکیٹ کرتا۔ اور اس سب کے پیچھے مالک الملک تھا کہ جس کے قبضے میں اس کی تقدیر اور جان تھی۔

اور گویا لوحِ محفوظ پر رقم کر دیا گیا تھا کہ اب کے بعد تم اس خاکستری مکڑی کے جالے کی دید کو ترس جاؤ گے (یہاں لوگ بہت صفائیاں کرتے ہیں اور کیڑے مکوڑوں کو جینے نہیں دیتے اس لیے کہ وہ جین اور بدھ مذاہب کا بہت احترام کرتے ہیں اور ان پر تحقیق کا انتھک سلسلہ جاری رکھتے ہیں) کہ تم نے اپنے لیے وہ رزق انتخاب کیا جو ایک گرین کارڈ یعنی سنتھیا کے حوالے سے۔۔۔

اور سنتھیا۔۔۔ گروہِ اشقیا سے تعلق رکھتی ہے کہ اس نے عیسائی اور موسائی شریعتوں اور اخلاقیات کو رد کیا۔ اور کہا کہ ہم صرف خدا کو مانتے ہیں اور دین کا حوالہ دیتے شرماتے ہیں کہ ان کا مذہب انسانیت ہے اور صابرہ، شیتلا اور بقا میں جو کچھ ہو گا۔۔۔ وہ ہونا ضروری ہے (مجھے بالکل خبر نہ تھی کہ کِکو صابرہ کی مسجد میں حالتِ قیام میں ہے اور آگے پیش امام کھڑا روتا ہے۔ اور سورۂ عنکبوت پڑھتا ہے۔)

اور میری مثال بھی مکڑی کی سی ہوئی کہ میں نے مستقبل اور اچھی رہائش کے خیال سے ایک گھر خریدا اور بچوں کو بہترین اسکولوں میں ڈالا اور پھر ان کی گرینی کو نزدیک ترین اولڈ ہاؤس میں ڈمپ کیا۔

اور ممی نے ہم کو لکھا تھا کہ تم گرینی کے پاس ہیپی کرسمس وش کرنے جانا تو گلاب کی کلیاں ضرور لے جانا (ممی ان دنوں کٹھمنڈو میں ہیں کسی دَورے کے سلسلے میں) گرینی کے

پاس جانا مسئلہ بن گیا۔

جی! میں سنجیدہ بول رہی ہوں۔۔۔ اور میں عروج ہوں۔ سنجیدہ نو سال کی اور میں آٹھ سال کا ہوں۔

اور ممی کٹھمنڈو جانے سے پہلے ہمیں خدا حافظ کہنے آئیں تو ہمیں دیکھ کر رو پڑیں۔

"وقت کتنی تیزی سے گزرتا ہے۔ تم کتنی تیزی سے بڑھ رہے ہو میرے بچو!"

اب مسئلہ یہ تھا کہ گرینی کے لیے سیب لے جانا بیکار تھا کہ وہ بالکل پوپلی ہو چکی ہیں۔ سو ہم ان کے لیے شمپئین کی بوتل، کرسمس پڈنگ، کیک اور نارنگیاں لے گئے۔ جی! اب تو وہ روسٹ بھی نہیں کھا سکتی ہیں۔ (جی میں سنجیدہ۔۔۔ ہیلو۔۔۔ ہیلو ممی میں ایلین ہوں) ڈیڈ ان کے لیے اسکارف، دلچسپ میگزین اور موزے لے گئے تھے۔ پر ممی۔۔۔ گرینی نے تو ہم کو شناخت کرنے سے صاف انکار کر دیا۔ سنجیدہ کیسٹ میں روداد سناتے سناتے رو پڑی ہے اور اس لیے اب میں کیسٹ بند کرتا ہوں۔

واقعہ یہ ہے کہ وہ ملاقات بھی عجب دردناک ہی رہی کہ پہلے تو وہ بت کی بت بیٹھی ترش نگاہوں سے بچوں کو خاموش اور مؤدب بیٹھے رہنے کے اشارے کرتی رہیں۔ بعد میں پتہ چلا کہ وہ مجھے ڈاکٹر صاحب سمجھ رہی تھیں۔ ان کا خیال تھا کہ سنتھیا سخت بیمار ہے اور وہ اس کی تیمارداری میں مصروف ہیں۔ بڑی تفصیل سے اس کی تمام تکالیف بیان کرتی رہیں۔

پھر اچانک رونے لگیں اور دوزانو بیٹھ کر حمد گاتی اور آسمانی باپ سے سنتھیا کی صحت یابی کی دعا کرتی رہیں، البتہ کنکھیوں سے گلاب کی کلیوں کو دیکھ کر مسکرائی بھی تھیں۔

اور یہ بھی ایک تعجب خیز امر تھا (میرے لیے) کہ وہ تو ہمیشہ یہ اعلان کرتی رہی تھیں میں مذہب کو مانتی نہیں اور خدا بالکل مشکوک ہے۔ میرا مذہب انسانیت ہے اور اب

کیسی حمدیں گارہی ہیں (شاید انسانیت پر سے ان کا یقین اٹھ چکا ہے۔)

سنتھیا! کیا تم واقعی بیمار ہو! مجھے وہم سا ہو رہا ہے۔ ماں کا دل ہمیشہ سچ بولتا ہے۔ میں ممی کے بارے میں یہ انکشافات کیسے کروں۔ تم نے تو مدت سے ان کو دیکھا ہی نہیں لیکن ہم ان کے ساتھ بہت سا اچھا وقت گزار چکے ہیں۔ اور میں نے ہی ان کے تمام کاغذات مرتب کیے تھے۔ اور جب وہ اولڈ ہاؤس میں منتقل ہوئی تھیں، ہم نے شاندار رخصتی تقریب کی تھی۔ ان کے سب دوستوں کو بلایا تھا (بقول تمہارے سنتھیا کہ ہم لوگ تقریبیں بہت مناتے ہیں اور پھر ایٹمی پلانٹوں کے لیے دوسروں کے آگے ہاتھ پھیلاتے ہیں) وہ کرسمس تو ایسے آئے کہ ہم جان کر ان کو دو دن پہلے ہی گھر لے آئے اور انہوں نے وہ دونوں کرسمس بڑے اہتمام سے منائے۔ کرسمس ٹری، کیک، پڈنگ، ٹرکی روسٹ مڈنائٹ ماس، کرسمس کیرل، آتشدان کی بھوبل میں بھنے ہوئے سیب اور اخروٹ۔۔۔ غرض یہ کہ پورا جشن۔۔۔ تاہم دوسرے کرسمس پر میں نے نوٹ کیا تھا کہ ان کے ہاتھوں میں خفیف سا رعشہ تھا۔۔۔ اور رہ رہ کر آنکھوں میں نمی سی چمکتی تھی۔

سنتھیا! تم اس کرسمس پر بھی حسب دستور غیر حاضر تھیں، تاہم اس سب کی رپورٹ تصویروں، سلائڈوں اور کیسٹوں کی شکل میں تمہیں ارسال کر دی گئی تھی۔

البتہ تیسرے کرسمس کے موقع پر وہ اڑ گئیں۔ مجھے ایک بسیط و بلیغ لیکچر دیا۔ اس پوز میں کہ کمر پر دونوں ہاتھ مضبوطی سے جمے ہوئے اور سیدھی کھڑی خطاب کرتی تھیں ٹمٹماتے ہوئے چہرے کے ساتھ۔ تقریر کا خلاصہ کچھ یوں بنتا ہے۔

میں ایک آزاد شہری ہوں! اور یہ میرا حق ہے کہ میں جہاں چاہوں کرسمس مناؤں، میں اپنے ساتھیوں کے درمیان کیوں نہ مناؤں۔۔۔ اور تم! تیسری دنیا کے خود غرض لوگ تمہیں تو دوسروں کی ذات کی بیساکھیاں لگا کر خوشیاں خریدنا ہوتی ہیں۔۔۔ تم عورت

کو پابند کرتے ہو۔۔۔ اور دوسری طرف ایف سولہ مانگتے ہو۔۔۔ خیر یہ تو ہمیشہ ہی سے واضح تھا کہ خوش دامن صاحبہ آزادئ نسواں اور فرد کے حقوق کی زبردست حامی اور وکیل۔ اور اس ضمن میں ساس داماد کے درمیان جھڑپیں بھی رہیں گا ہے گا ہے، مثلاً جب ان کو اولڈ ہاؤس جانے سے روکا تو وہ تڑ سے بولیں، کیوں! کس واسطے تاکہ تمہارے گھر اور بچوں کی خبر گیری کرتی کرتی مر جاؤں۔ اچھا۔۔۔ یہ بتاؤ۔ میری نگرانی اور دیکھ بھال کس نے کی۔۔۔ بس یوں ہی پل گئی تھی۔ بارہ سال کی عمر سے میں نے اپنی ذمہ داری خود اٹھائی اور سنتھیا بھی ہمیشہ خود مختار رہی۔ اور اب میں بیٹھ کر تمہاری ہاؤس کیپری کروں! نو! نو IMPOSSIBLE یو آر ریئلی مین۔

اس سے اگلے کرسمس پر ایک حادثہ ہو گیا۔ ان کے ساتھ والے کمرے والی بڑی بی اس دارِ فانی سے کوچ کر گئیں۔ ان کے دوسرے پڑوسی نارمل اور خوش باش اپنے اعزا اور اقارب سے مل رہے تھے۔۔۔ اور وہ تھیں کہ باقاعدہ ماتمی لباس زیب تن کیے، موم بتی کی روشنی میں بیٹھی بائبل کی تلاوت کر رہی تھیں، بدقت اٹھ کر آئیں۔۔۔ ہونٹوں پر انگلی رکھے۔۔۔ بات کرنے کی قطعی اجازت نہیں تھی، مگر خود گفتگو جاری تھی۔

"اس کی روح تنہا محسوس کرے گی۔" (روح جب زندہ تھی تو اس سے لڑتی رہتی تھیں)

مگر گرینی یہاں اتنے لوگ ہیں۔ وہ تنہا تو نہ رہے گی۔ ہیں! مگر سب خود غرض اپنے اپنے خول میں بند۔ اپنی ذاتوں کے خول میں۔۔۔ نہیں! نہیں میں نہیں جاسکتی۔۔۔ وہ بن کہے مجھ پر یہ فرض عاید کر گئی ہے۔

باہر نکل کر عروج نے کنپٹی پر انگلی رکھ کر گھمائی۔۔۔ اب اسکرو بالکل ڈھیلا ہو چکا ہے۔

اگلے کرسمس پر بچے سنتھیا کے پاس انڈیانا چلے گئے۔ میں نہ گیا۔۔۔ کرتا بھی کیا جاکر مگر بچوں کی واپسی کے ساتھ سنتھیا کا پیغام آیا موم سے جاکر ضرور ملو۔ وہ خواب میں مجھے برابر نظر آتی ہیں۔ میں کبھی سوچ بھی نہ سکتا تھا کہ وہ اتنی جلدی ٹوٹ اور جھک جائیں گی۔ اس مرتبہ تو انہوں نے بچوں کے علاوہ مجھے بھی حیران کر دیا تھا۔

واپسی پر عروج نے عجیب بات کہی۔ وہ اتنی جھک گئی ہیں! اور جب وہ شیلف پر بائبل رکھنے گئی تھیں تو میں ڈر ہی گیا۔۔۔ وہ۔۔۔ وہ تو بالکل بڑی سی مکڑی نظر آ رہی تھیں۔

عروج! ایسی باتیں نہیں کرتے۔ میں نے سمجھانے کی کوشش کی۔

"مگر۔۔۔ مگر میں نے خود دیکھا ہے۔" اور ساتھ ہی وہ تک بندیاں کرنے لگا۔

POEM بن گئی ہے۔۔۔ ایلین ذرا سنو تو۔

ایک تنہا مکڑی\
سیاہ لباس اور بالکل تنہا\
بوڑھی ناتواں\
مکڑی\
اتنی ناتواں کہ\
اب وہ ایک جالا بھی نہیں تن سکتی\
اب وہ اپنا گھر کبھی نہیں بنا سکے گی۔\
اور دلچسپ بات یہ ہے کہ اب وہ\
گھر کا راستہ بھی بھول چکی ہے۔

"یہ لڑکا کتنا سنگ دل یا حقیقت پسند ہے۔" مجھے گھبراہٹ سی ہونے لگی۔

سنجیدہ چپ تھی۔

گھر آکر میں نے مدت بعد قرآن اٹھا کر کھولا۔

"ان کی مثال مکڑی کی سی ہے کہ وہ بھی ایک طرح کا گھر بناتی ہے اور اس میں شک نہیں کہ سب سے کمزور مکڑی کا گھر ہے۔ کاش یہ اس بات کو جانتے۔ مکڑی کے گھر کا تانا بانا کب سے ٹوٹ رہا ہے۔ (سورۂ عنکبوت)"

قرآن کو میں نے گردانا، آنکھوں سے لگایا اور رکھ دیا۔ تمام شہر کے گرجوں میں ایک ساتھ گھنٹے بج اٹھے۔ میں تنہا بیٹھا سوچتا ہوں۔ امن اور سلامتی کا شہزادہ (اور اب اس کے بارے میں بھی روایات تیزی سے بدلی جارہی ہیں) ٹھیک اسی وقت پیدا ہوا اور یہ ایک فیصلے کی گھڑی تھی۔ میرے لیے بھی یہ گھڑی فیصلہ کن تھی۔

کوٹھی کا گیٹ جابجا سے شکستہ ہو رہا ہے۔ ہم بلا اطلاع ہی آگئے ہیں۔ باغ کی دیوار خستہ اور کائی زدہ نظر آرہی ہے۔ احاطے اور باغ کی گھاس نہ جانے کب سے نہیں چھیلی گئی ہے۔ اب اس کے منہ میں ایک دانت بھی نہیں رہا اور سر پر دھنکی ہوئی روئی کا۔۔۔

یہ ہمارا بوڑھا خانساماں ہے۔

اس کی مارے خوشی کے گھگی سی بندھ گئی ہے۔

"ارے! ارے! دیکھو! ڈڈا اس پاگل سے بڈھے کے گلے چمٹ کر رو دیے ہیں۔"

"علی حسین! اماں جان گھر ہی پر ہیں نا۔"

چلونا۔۔۔ اندر ہی تو ہیں۔ اس نے سوٹ کیس کھینچنا شروع کر دیا۔

"ککو میاں کا سن کر آئے ہونا۔"

علی حسین کی آنکھوں میں آنسو آگئے۔

میت تو اس کی تھی پر بیگم نے لکھ دیا۔ اس نے جس مٹی پر جن کے درمیان شہادت پائی ہے، حشر کے دن اسی مٹی سے اٹھنے دو اسے۔ ان ہی کے درمیان انہی کے ساتھ سو گیا

ہے۔ اب اس کو نہ جگاؤ۔ وہ کئی دن تک ذرا ذرا دیر پر آپ ہی آپ بولتی رہی تھیں۔

ککو۔۔۔ ککو۔۔۔ ہائیں۔۔۔ تم ایسے تھے۔۔۔ اور میں۔۔۔ میں۔۔۔ ایسا۔۔۔

میرے قدم اٹھنا بھول گئے۔

اور مامی۔۔۔ وہ بچوں سے مخاطب تھا۔ ویئر از ممی۔

WHERE IS MUMMY ?

بچوں نے جواب دینا ضروری نہ سمجھا۔

تو یہ میرا اپنا گھر ہے۔۔۔ بوسیدہ بدرنگ۔ فرنیچر، ہر شے پر خستگی اور افسردگی۔۔۔ تو ککو۔۔۔ تم ایسے تھے اور مجھے خبر بھی نہ ہوئی۔۔۔ کون دیتا۔ وہ ماں تو اس کو زندوں میں شمار کرتی ہوگی۔ وہ جو نماز کی چوکی پر دستِ دُعا اٹھائے بیٹھی تھی۔ چہرے پر صبر جمیل کی خنک تحریر لیے۔ میں نے چمٹ چمٹ کر ان کو پیار کیے۔۔۔ مگر وہ بے حس سی بیٹھی مجھے تکتی تھیں۔ پھر ایک دم بول پڑیں۔ تمہیں پتہ ہے نا، ککو میر اصابرہ میں تھا۔ ہائی آن بتیوں کے درمیان۔۔۔ احمد سچ کہیو اس وقت میں بیروت کا موسم کیسا رہا ہوگا۔ جب انہوں نے پانی کی سپلائی کاٹ دی تھی۔ کیا اس وقت میں پیاسے سوکھے گلے بہت تڑختے ہوں گے۔۔۔" ان کی آنکھیں بالکل خشک تھیں۔

کھانے کے بعد بچوں کو خواب گاہ میں سونے کے لیے بھیج کر میں چپ چاپ ان کے ہاتھ اپنے ہاتھوں میں لیے بیٹھا رہا تھا۔ عروج شب خوابی کے لباس میں باہر آگیا بیزار سا۔ وہ۔۔۔ وہ بہت رو رہی ہے۔ ایلین۔۔۔ میر امطلب ہے سنجیدہ۔۔۔ ہمیں ڈر لگ رہا ہے۔ وہاں بہت مکڑیاں اور جالے ہیں۔

روز روز کے تبادلوں سے تنگ آکر ابا جان نے ان کے لیے یہ گھر بنا دیا۔ پھر خود چل دیے، مگر وہ بڑے حوصلے اور گھما گھمی سے ملازمت کے ساتھ ساتھ ہمارے سارے

فرائض ادا کرتی رہیں۔ اور۔۔۔ اور اب اس اتنے بڑے ڈھنڈھار گھر میں دستِ دُعا اٹھائے بیٹھی ہیں۔۔۔ اور مکڑی کے جالے اتروانا بھی بھول چکی ہیں۔

میں اٹھ کر عروج کے ساتھ کمرے میں جا کر سو گیا۔

اگلا دن

ایک بانس کے سرے پر بہت سا گوڈر بندھوائے جمعدار کے لڑکے کو ساتھ لیے گھر بھر کے جالے صاف کرواتی پھر رہی ہیں۔

لان کی گھاس کٹوا رہی ہیں۔

کچن میں کھڑی علی حسین کو بچوں کے ناشتے کے بارے میں ہدایات دے رہی ہیں۔ علی حسین بھی مستعد اور مصروف ہو کر بڑے پر اعتماد نظر آ رہے ہیں۔ گھر میں ایک رونق اور گہما گہمی کا اکھوا سا جیسے پھوٹ رہا ہے۔ سر اٹھا رہا ہے۔ اور عروج چپکے چپکے سنجیدہ سے کہہ رہا ہے۔ شکر ہے یہ اولڈ ہاؤس نہیں گئیں۔۔۔ ورنہ یہاں ہماری دیکھ بھال کون کرتا۔ اور میں سوچ رہا ہوں سنتھیا، وہ گھر جو میں نے اور تم نے بنایا مکڑی کے جالے کی طرح بودا ثابت ہوا۔۔۔ اور اس کا ایک ہی تار باقی ہے جو میرے ہاتھ میں ہے۔

اور وہ ہے تمہاری یاد۔

سنتھیا میں نے تم سے محبت کی تھی۔۔۔ اور کرتا رہوں گا۔ تم میرے حافظے کی عمارت میں ایک تار عنکبوت بن کر ہمیشہ لٹکتی رہو گی۔

* * *

کچھ اور یادگار افسانوں کا ایک اور مجموعہ

کمند ہوا

مصنفہ : الطاف فاطمہ

بین الاقوامی ایڈیشن جلد منظر عام پر آرہا ہے